此生许国

瀛云萍 口述
朱洪海 执笔

济南出版社

图书在版编目（CIP）数据

此生许国 / 瀛云萍口述；朱洪海执笔. —— 济南：济南出版社，2024.5
ISBN 978-7-5488-6139-3

Ⅰ.①此… Ⅱ.①瀛… ②朱… Ⅲ.①回忆录 – 中国 – 当代 Ⅳ.①I251

中国国家版本馆 CIP 数据核字(2024)第 033215 号

此生许国
CISHENGXUGUO
瀛云萍　口述　朱洪海　执笔

出 版 人　谢金岭
项目策划　文汇雅聚
责任编辑　朱　琦　代莹莹
特约编辑　鞠　俊
责任校对　于　畅
封面设计　胡大伟
内文设计　周　丹

出版发行　济南出版社
地　　址　山东省济南市二环南路 1 号（250002）
总 编 室　0531-86131715
印　　刷　山东联志智能印刷有限公司
版　　次　2024 年 5 月第 1 版
印　　次　2024 年 5 月第 1 次印刷
开　　本　170mm×240mm　16 开
印　　张　14
字　　数　194 千字
书　　号　978-7-5488-6139-3
定　　价　58.00 元

如有印装质量问题 请与出版社出版部联系调换
电话：0531-86131736

版权所有 盗版必究

目 录

001　第一章　给整个东北军做模范
017　第二章　张学良的亲学生
033　第三章　九一八事变是早晚要发生的
043　第四章　亲历九一八之夜
053　第五章　从黄埔军校到要塞炮干训班
071　第六章　烽火恋人的爱情离合
079　第七章　江阴保卫战，终于手刃仇虏
093　第八章　保卫南京，乌龙山支起要塞炮
109　第九章　我们挡住了日本海军
133　第十章　武汉会战，再战黄鄂要塞
151　第十一章　在中国战车防御炮部队
163　第十二章　枣宜会战，真希望没有战争
177　第十三章　黄埔军校上校兵器教官
189　第十四章　黄埔西征，制约盛世才
203　第十五章　咱们胜利啦
211　第十六章　执鞭尽许新中国

瀛云萍戎装照

第一章　给整个东北军做模范

进军政部学兵队以前，我的名字叫王愚臣。

我祖父是辽宁省铁岭县柏家沟的大地主，听说有一年场院粮垛起火，烧了两天两夜，家里伤了元气。过了几年家境逐渐又好了，除了开药铺，还开了面粉厂。我还记得老牛拉石磨磨面的情景，我常骑在牛身上玩。

当地驻着吴大舌头（注：吴俊升，辽宁省昌图县人，奉系军阀。因年幼嘴部冻伤导致口齿不清，被称为"吴大舌头"，与张作霖是结拜兄弟。1928年，皇姑屯事件发生时，与张作霖同在专列上，当场被炸身亡，时年65岁）的一个步兵团。有一次，那个团的中校团附拿一张百元假币到我家买两斤白面，我爸爸一看是假币，就说奉送两斤面不要钱，可他一定要找钱，把我爸爸打了一顿，我爸爸没办法，只好找了真钱给他。那时的军队欺负百姓无孔不入。

后来因为闹水灾，我们搬到黑龙江省克山县落户，我在那里读到小学三年级时，母亲患克山病去世。这一年我9岁，父亲已是克山县的八大名医之一。

母亲去世后，父亲受到刺激，神经有点错乱。

我大姐嫁给一徐姓富家子弟，姐夫徐庆德是个小知识分子。最小的妹妹送给人家做童养媳，不久就死了。

1919年，张作霖恢复了停办已久的奉天讲武堂，改

延伸阅读

克山病是地方性心肌病，主要发病于农业地区，因先在黑龙江省克山县发现，而被称为"克山病"。

名为"东北讲武堂",这是东北军唯一合法的军官学校。从1919年到1931年共办了11期,九一八事变后东北沦陷,东北讲武堂随之结束,共毕业学员一万人左右,有官阶入校者称学员,无官阶入校者称学生,这些人就是东北军中的骨干。

东北讲武堂前6期的学员,很多是张作霖绿林时的哥儿们,后来都当了将官或校官,如汤玉麟(注:汤玉麟,今辽宁省阜新市人,张作霖结拜兄弟,奉系军阀重要将领。1933年,日军向热河进攻,时任热河省主席的汤玉麟不战而退,受到国民政府明令通缉。1949年去世,终年78岁)就是第一期学员。这些人原有的文化水平都不高,有的甚至是文盲,有的读过书但没法用现代学历归位。

讲武堂的很多毕业生只学了四五个月的兵学知识,连新兵应有的知识也没学完。按世界惯例,初级军官学校应该是三年学制。第一年称入伍生,学习新兵知识,应学的学科有《操典》《射击教范》《筑城教范》《阵中勤务》《夜间教育》《内务规则》《军队礼节》《惩罚令》和普通中学课程,其中兵学均须在操场练习。以上均须于入伍生的这一年里学到必修水平,第二年才能升学转为军官学生,再学习两年。这两年学习的兵学课程有《战术学》《兵器学》《筑城学》《地形学》《交通学》等。

日本陆军士官学校、英国皇家军事学院、美国西点军校和国民党政府办的"中央陆军军官学校"及各地方办的东北讲武堂、四川陆军讲武堂、云南讲武堂,都属于同等军事类学校。但中国的这些军官学校多数是不合格的,都有过短期班毕业生。这些短期班毕业生学制几个月,以至连新兵知识都没学完,硬充正规军校毕业生,进入军队。

延伸阅读

东三省讲武堂设立于1906年,与黄埔军校、云南讲武堂、保定陆军军官学校并称当时中国"四大军官学校",辛亥革命爆发后停办。1919年,在东三省巡阅使张作霖的主张下,又在东三省讲武堂原址开办东三省陆军讲武堂。1928年张学良主政后,改校名为东北讲武堂。直到九一八事变,共招11期学生,培养军事人才近万人。

在国内同期的军事教育机构中，办得较好的是保定陆军军官学校。这所学校从清末到1920年，一共办了9期，是北洋军阀培养军官的机构。这所军校的学制总计是八年，计陆军小学三年、预备学校二年、保定军校三年，文化水平能达到高中毕业水准，所以保定军校毕业生的兵学水平是迄今中国历史上前所未有的，办学质量很高，中国很多高级军事将领都是保定军校毕业。但保定军校只办了9期，到1923年就在军阀混战中停办了。

"中央陆军军官学校"，则是孙中山先生于1924年在广州黄埔岛创办的，现在广州市珠江南岸有黄埔军校旧址。其学生队，也就是军校的本科生，从第1期到1949年，共办了23期。最多时有一个本校、九个分校。

学生入军校前的文化水平，从初中生到大学生都有，凡有志参加革命的知识青年都可入军校受训。

军校从第1期到第5期都是学习几个月，不到一年时间就毕业，连新兵教育的典范令也没学完，最短的因为在学习时期几次出去打仗，实际学习时间连三个月也没有。

到第8期才改为三年学制，招考高中以上文化学历者入学，从这时起才具备各国普通军官学校的水平。第10期的质量相对较高，因为张学良办的东北学生队被加入第10期。东北学生队是东北军的军事学校，学员已有五年兵学知识，经过三年黄埔学习，实际上是八年兵学水平，与保定军校毕业生同等学时。

延伸阅读

保定陆军军官学校简称"保定军校"。1903年2月，袁世凯奏请开办陆军小学堂、中学堂、大学堂，进行正规军事教育训练。之后，在保定建成"北洋陆军速成武备学堂"，这就是保定军校前身。1903年8月，学堂开始第一届招生。1906—1911年分别在保定校址开办陆军部陆军速成学堂、陆军军官学堂、陆军预备大学堂。1912年袁世凯任中华民国总统后，于这年10月在保定开办了陆军军官学校。从这儿开始到1923年停办，历经11载，共办9期，培养步兵、炮兵、骑兵、工兵、辎重兵等科初级军官6500余名。

——《世说新语 档案百年》第五十集《保定军校——近代军事教育摇篮》，河北省档案局、河北广播电视台，《档案天地》，2020年第1期，第13页后来，又把一些地方训练的毕业生承认为黄埔军校某期毕业生，还开办了战术研究班、高等教育班、技术班等，内容结构很复杂。

黄埔军校的教官，都是有兵学知识的真才实学之士，一些不属于蒋家军嫡系的人，只有从事教官这条路。我后来在黄埔军校炮兵科任教，见到许多保定军校8期、9期毕业的老教官，他们的兵学功底都很扎实。

有一位上校兵器教官张拯，曾任部队的中将参谋长，失意后退归黄埔军校，甘愿以上校教官终其身。他的教学效果很好，当时年龄在50岁左右，我是27岁，任中校兵器教官，对这些老教官都以老师称呼。

像张老师这样的教官，在我们炮兵科就有好几位。

军校教官待遇优厚，不分派系，以教学效果为标准，教学效果又以学生的反映为依据，合理的办学政策使黄埔教育获得了成功。

至于东北军的高级将领，以日本士官生、保定生和陆大生居多。军中崇洋媚外的思想很重，日本陆军士官学校毕业回来的都任命少校，比东北讲武堂毕业生坐地高一等，实际水平并不比讲武堂后期的高，但比讲武堂早期毕业生水平高出很多。

到九一八事变时，日军的将官基本都是日本陆军大学毕业，校官都是各兵科专校或陆大毕业，尉官都是士官毕业生。相比之下，中国将官的兵学知识比日本低一等，因此中国军队的军事素质比日本低一等。但中国人口多，兵学传统久，自学成才的将军比日本多。兵学是一种集灵感、揣摩、捭阖为一体的学问，所谓原则是死的，运用是活的。

东北讲武堂第1期的学员只学了四个月就毕业，前9期学员都是从调训或编余下来的军官中，安排没有军校学历的来学习几个月到一年，再发毕业文凭。

这些人的文化水平从文盲到大专程度都有，只有第7期招的是初中以上学历，加以一年半的军事教育。第10期的知识水平最高，招集的是已有两三年兵学基础的毕业生，加以一年半的军事教育，这是东北讲武堂的黄金时代。

在东北讲武堂里有个大笑话，据说某一期的文盲学员，对教官讲的立正姿势，"两足跟靠拢并齐、两足尖向外分开 60 度"中的 60 度不懂，一站就不对。于是教官就做了个等边三角形的木头块，上面安个长把，出操时向那些不懂 60 度的学员两脚尖中一塞说："这就是 60 度。"

我没亲眼看到这个教具，但这种文化水平的学员是真实存在的。

不过，讲武堂终究是藏龙卧虎之地，尤其教官中有高深兵学修养的人很多。人间的各行各业中，只有教师这一行，无论文学还是武学，都是硬充不了的，因为学生就是镜子。

东北的军事教育机关，除讲武堂外，还有不定期的高等兵学研究班、各兵科专门研究班，如炮兵研究班、步兵研究班等，类似于各兵科的步兵学校、炮兵学校，都是一年毕业。入学资格是国内外普通军官学校毕业，在各兵科实际工作两年以上的现役军官，军衔不限，经过考试合格者即可入学，但这些研究班都没在南京备案，所以不算学历。

此外，在北大营还有个教导队，招集部队中的优秀军士入队学习，学科是军官学校入伍生学的兵学，统称典范令，学习时间几个月至一年不等，毕业后即当军官。这些军士都识字，不像讲武堂还有文盲。这个教导队由王瑞华（注：王瑞华，辽宁省锦西市人，曾任东北讲武堂教导队中将教育长，参加了抗击日寇的哈尔滨保卫战。后出任伪满洲国锦州省省长。1960 年去世，时年 69 岁）中将主办。

张学良任职第三、四方面联合军团上将军团长时，办了一个军团内部的模范队，相当于清末的陆军小学堂，教授基本军学知识，主要是培养初级军官。我从 1927 年正月到 1928 年 7 月间在该队学习，地点在沈阳北大营。

张作霖时代的东北已成为事实上的半殖民地，是日寇有计划要侵占的范围。绿林出身的张作霖，在日、俄两帝国主义交相侵略的夹缝中，凭个人的才智，统一了东北三省地区，成了东北的土皇帝。东北地方秩序赖以维持，人民生活相对安定。彼时，东北是全中国帝国主义势力最严重的灾区，形势很险恶。

张作霖很注意培养他的"世子"早些任大事，所以张学良26岁就当上了东北军第三、四方面联合军团的军团长，韩麟春（注：韩麟春，辽宁省辽阳市人，毕业于日本陆军士官学校，曾任陆军大学校长，授陆军上将衔，后因中风离职。1931年病逝，时年46岁）中将为副军团长，常驻沈阳北大营。

韩麟春兵学水平很高，张作霖目的是让张学良多向韩学习，所以把张学良的第三方面军团与韩麟春的第四方面军团联合起来，是个特殊的编制。东北军的每个方面军团辖3个军，每军3个师，第三、四方面联合军团共辖18个师，约20万人，是东北军的主力。

张学良虽名为军团长，实际工作却都由副军团长韩麟春干。

当时东北军连长以下实际带兵官的兵学水平都很低，许多军官是文盲，更谈不上现代兵学知识。作为"张家王朝"的继承人，张学良自然从长远打算，知道必须改善自家军队的落后状态。于是在第三、四方面联合军团里，成立了单独的军事教育机关模范队，意思是给整个东北军当模范。

当时东北的知识青年人数不少，但很多没有出路，听说少帅张学良办的军官学校招生，跟着"张太子"走，正是近水楼台先得月，所以应招者很多。

模范队招生的文化水平只要求初中毕业及同等学力，但很多报考者的文化水准远远高出这个要求。

该队于1926年8月初开学，队址在北大营，共录取了500人，编成一个学生营，营长为胡云根中校。下分4个连，连长都是少校级，一连长叫刘汉玉，二连长叫王允士，我在二连学习。二连的一排长是冯德麟上尉，二排长是刘恒谦上尉，三排长是顾得全中尉。

学习课程分为军事类和普通学。军事类有步兵操典、射击教范、筑垒教范、阵中勤务、夜间教育、军队内务规则、陆军惩罚令等，普通学有数学、物理、化学、历史、地理、博物、日语等。

营部的上面又成立了模范队部，设队长一人，由日本陆军中校黄慕（荒木五郎）担任，张少帅封他为少将。

又设队附一人，我刚到模范队时由留法的李建勋中校担任，不久改由高胜岳（注：高胜岳，辽宁省沈阳市辽中区人，张学良的结拜兄弟，曾任军事委员会北平分会少将副处长。抗战期间投靠汪伪政府，任汪伪苏北行署参谋长）上校担任。

那年我实际上只有虚岁14岁，冒充16岁入队。在整个二连，我是所有同学中年龄最小的，文化水平也最低，只是铁岭县第二工科职业学校一年级学生，相当于初中一年级水平，还是托关系进去的。

我能进去主要是靠着张作霖的副手杨宇霆上将（注：杨宇霆，辽宁省法库县人，奉系军阀重要首领之一，自张作霖在皇姑屯被炸死后，常以东北元老自居，并反对东北易帜。1929年1月10日，杨宇霆与黑龙江省主席常荫槐被枪杀于帅府老虎厅，称为"杨常事件"，时年44岁），他的胞弟杨宇霁是我表姑父，也就是说，杨宇霁夫人是我父亲的表妹。杨宇霁夫妇的第三个女儿又是我初恋情人，也是第一任老婆，我们生有一女，这就是亲上加亲的关系。

后来，我的表姑父，也是岳父的杨宇霁，当了伪满洲国的盐运使，而我在国民政府当军官，因此我和第一任老婆被迫离婚。

因为文化水平低，我在模范队就拼命地往前赶，拜了几位文化水平高的同学为老师，补习知识。

有一个同学叫李玉田，文学水平很高，在他的笔记本中，曾看到他用《苏武牧羊》的曲谱填的词句，有"桃李斗芳菲，晨妆懒画眉，春草绿，暖风吹，鸳蝶对对飞"等。时隔八十年了，仍记忆犹新，可见当时对我触动之深。我拜他为师，学习了很多知识，如作诗、填词、写对联等。我很钦佩他，现在仍很想念他。

延伸阅读

　　荒木，曾改用汉名黄木，称荒木五郎中尉，自称是张学良的干儿子。曾充天津驻屯军情报员。

　　——《北洋军阀史料选辑（下）》，杜春和等编，中国社会科学出版社，1981年，第230页

　　1915年，周大文与张学良、胡若愚、李宜春、高胜岳结拜兄弟。时年张学良14周岁。

　　——《张学良年谱》，张有坤、钱进主编，社会科学文献出版社，1996年，第22页

　　高胜岳的人生轨迹还曾与刘少奇的革命活动有过交集。1929年7月，刘少奇被任命为中共满洲省委书记后，发生过这样一段故事：

　　刘少奇抵达沈阳时，通过东北讲武堂高等军学研究班教育长李端浩和教育处长韩剑秋（也是湖南人，和刘少奇是老乡）的关系，以海军副官的身份秘密居住在东北讲武堂高等军学研究班学员宿舍，并由赵唯刚亲自负责保护工作。当时，蔡伯祥指示赵唯刚说："我们党有位领导同志住在你们那里，要特别注意他的安全，并了解一下为什么最近高胜岳（过去曾以调查学生中的共产党出名）被派来高等军事研究班当总队长，是不是嗅到了什么？"后经调查了解，得知高胜岳来高等军学研究班纯属偶然，只是因为他没处安排。赵唯刚当时并不知道他要掩护的人就是刘少奇，只知道是我们党的一位重要领导同志，直到赵唯刚后来到达延安，才知道这位重要领导人原来就是刘少奇。

　　——《刘少奇与东北士兵运动》，《党史纵横》，2014年第6期，第34页

同学中还有许多能人，有一位外号叫"王老八"的，已忘了他的真姓名，他能背下全部的《三国演义》《水浒传》，文学水平当然很高，每当全连同学课余消闲时，连长就命他给同学们讲一场三国或水浒的评书。后来我在北平天桥听评书，他们的表演艺术水平虽高，但文学水平却远不如"王老八"。

又有位同学叫沈延龄，有飞檐走壁之能，三米多高的墙，他跑几步一冲就上了墙头，在树林中表演，似猿猴一样。

各种各样的奇人怪事还有很多，这些能人在乱世中找不到正当的出路，就来投奔少帅——"东北王太子"自办大圈圈的小圈圈中来，希望攀龙附凤找个出头的机会。

张学良用高位请来的日本人黄慕，对教官常以小恩小惠拉拢，对学生表示特别关怀，连学生的外出服都到日本去定做，把我们十几名年龄小的学生都叫到队部，让日本成衣匠挨个量身定做外出服。他伪装得像长辈一样地关爱我们这十几个小同学，尤其对我这个满族学生更表示特殊抚爱。

我们这些下士军衔的少年学生，受到少将军衔老师的关爱，能不从内心感戴吗？这一切，被留法回来的爱国队附李建勋看在眼里，他买来很多标注丧权辱国历史的地图，挂满了教室，给学生上爱国主义教育课，讲到日、俄帝国主义霸占我们中国领土时，声泪俱下，学生们因此对黄慕的用心都明白了。

后来，黄慕不知对张学良怎么讲的，张学良竟把李建勋调走了，换来高胜岳上校为队附。高胜岳上校年长、持重，不与黄慕正面斗争，虽然心中有数，但对黄慕不卑不

延伸阅读

李建勋在历史上曾被记录下一个瞬间，就是后来他偶遇软禁中的张学良。1939年，张学良被囚禁于湘西凤凰山期间，一次在山下散步，迎面走来一位上校军官，向他立正敬礼，并喊了声"副总司令"。该军官原是东北军炮兵旅参谋长李建勋，部队改编后任炮团团长，驻防沅陵。据说，发生了这件事后不久，张学良就又一次被转移了。

——《张学良将军在凤凰山》，方思默，《黄埔》，1999年第1期，第19页

六，遇事常哈哈一笑了事，同学都在背后称他为"老岳父"。

李建勋离开后，再也听不到爱国主义的声音。

一个独立的国家，把军官基础教育委托敌国的现役军官去管理，这不是倒行逆施吗？尊师重教是中华文明的传统美德，学生们对此不是很尴尬吗？如果东北军军官都变成亲日派，东北还有国防可言吗？

1928年6月4日上午5时30分，张作霖大元帅由北京回沈阳的专车途经皇姑屯站时，发生了爆炸。吴俊升上将当场死亡，张大帅重伤，延至上午10时不治身亡。

模范队师生于6月3日晚7时许，即集中于皇姑屯车站，准备迎接大帅，不满18岁的小同学没去。当听到爆炸声时，黄慕拔出指挥刀，指挥同学们向皇姑屯车站的日军开枪。高胜岳上校双目圆睁，举起手枪对准黄慕，大喊一声说："你放下指挥刀！再胡指挥，我就击毙你！"吓得黄慕面如土色，急忙放下指挥刀，看着高上校的手枪不动。

高上校对同学们说："咱们绝对不能开枪，给日本人以动武的借口，咱们沈阳没有兵，只有你们学生、警察等，管什么用？挑起战争，咱们沈阳就完了，现在你们只能听我的命令。"

当时在场的是模范队全队，除第1营4个连外，还有第2营4个连的步科学生，不过中校营长赵龙韬（注：赵龙韬，辽宁省海城市人，参加了西安事变。先后任第53军第116师副师长、联勤总部傅作义部第五补给区少将副司令，1949年1月在北平参加起义。新中国成立后，曾任政协辽宁省第四、五届委员会副主席等职。1987年逝世，终年87岁）没到场，第3营是特科营，有机关枪、迫击炮、平射炮、工兵科4个连，但学生数不足，营长是杨秉森中校。到场的学生总共有1200多名。

生死关头见真情，爱国的知识青年谁能认贼作父呢？听了高胜岳上校的话，立即齐声高呼："听队附的！"

黄慕成了光杆司令。

延伸阅读

　　1976年，策划"皇姑屯事件"的河本大作写给矶谷廉介等人的信件被发现。矶谷廉介与河本是挚友，时任参谋本部（中国班）部员，此后先后任日军第10师团师团长、关东军参谋长。日本媒体将其信件发表，1998年，中国媒体将其信件翻译发表，从而揭露日本侵华阴谋。

　　在河本大作写给矶谷廉介的信中有这样一段话：

　　死他一两个张作霖有什么了不起！这次一定要干！即使受到阻止，无论如何也要干！

　　为解决满蒙问题而牺牲，是我最大的愿望，实为无上光荣。

　　前些时候，在奉天，土肥原（张作霖军事顾问）和秦真次（奉天特务机关长）少将想以自鸣得意的小问题举事，我不同意，表示了反对。目前已断绝来往。

　　他们这些人独断专行，不和别人商量，别人只能遵守其规定，服从其命令，什么都不告诉我（关东军参谋长和司令官都不在）。其问题唯一无二的原因，就是那个荒木队。

　　并且，以视张学良为亲日的化身为前提。

　　我也喜欢动乱。而且无论什么问题都需要制造个借口，唯独这个问题，我不能跟着土肥原转。

　　我不能同意秦少将和土肥原梦一样的话。因为参谋长不在，军司令官也在旅行中。我本来打算在此期间挑起铁路问题纠纷，搞一个武装事变，而秦和土肥原却把铁路问题除外，只埋头于荒木队的谋反，并且要等军司令官回来后进行，实在太缓了。

　　于是，我中止了给荒木队的武器供应。但他们硬是要偷，赶紧让宪兵制止了。

　　——《河本大作为策划"皇姑屯事件"致矶谷廉介等函两件（1928年4月）》，张劲松译，《民国档案》，1998年第3期，第4页

　　另，对此信中提到的荒木队，《民国档案》杂志在发表时做了注释：由荒木五郎（化名黄慕）在奉军中领导的所谓"模范队"，意在发生动乱时策应关东军。

上午7时左右，终于得到信息：大帅受伤，在治疗中。全队在高胜岳上校的指挥下整队回营，照常上课。从此之后，队务由高胜岳上校办理，黄慕只是有时来队部看看。

2007年，《文化学刊》第3期（总第5期）发表徐彻的文章《究竟是谁杀死了张作霖》，在第129页这样写道：

"为了预防爆炸失败，他们又策划了第二道计划，即令火车出轨翻车计划。他们计划乘混乱之机，使刺刀队冲上去刺杀。特派荒木五郎率领一支队伍，充当刺刀队。"

这段文字，可以进一步交叉印证此事的真实性。

模范队没有队歌，大家经常唱岳飞的《满江红》。其实岳飞用《满江红》谱填的词很多，只有"怒发冲冠"这首为军中采用，流传最广。相传是岳武穆写的，但是在史书上一查，岳武穆没填过这首词，是明朝一个学者编的。

《满江红》有北腔有南调，现在大家唱的都是南调。

东北军的军歌我能唱好几十首。

黄慕在时，流行很多军歌，文学水平都很高，思想内容则很混乱。我尚能记忆的有十多首，有一首歌叫《黄族歌》：

黄人应享黄海权，亚人应种亚洲田。

青年青年，切莫同种自相残，坐教欧美

延伸阅读

关于《满江红（怒发冲冠）》并非岳飞所作的观点，至今争论已数百年。1962年9月16日，在《浙江日报》发表了词学大师夏承焘的文章《岳飞〈满江红〉词考辨》，判定该词并非出自岳飞之手。

2009年，《古典文献研究》（第十二辑）发表了南京大学文学院王霞的文章《岳飞作〈满江红〉词"新证"辨析》，该文在结束语中说："明朝出现《满江红》绝非偶然。岳飞《满江红》词系明人伪托，几可成定论，明人何以伪托岳飞作《满江红》词呢？这有其特别的历史文化背景。"该文作者特别注明，本文是在南京大学古典文献研究所武秀成教授的启发和悉心指导下完成。

诸多其他学者观点不一一列举，但不同意伪作观点的学者也为数众多，学界之争未有定论。

着先鞭。不怕死，不爱钱，丈夫绝不受人怜。洪水纵滔天，只手挽狂澜，方不负整军经武后哲前贤。

这首歌中"不怕死，不爱钱，丈夫绝不受人怜"一句，对张学良的影响很大。他终生常用这句话，或增改一两个字写笺赠送好友做纪念。

但是这首歌前半段的思想却大有问题，我当时对这一点也没有什么认识，等我成为抗战的炮兵军官，与日寇打了多次炮战后，忽然想到此歌，才品察出其中的真滋味。黄慕毒害中国青年的用心，真是毒辣。

还有一首歌叫《蒙藏风云》：

模朔漠，居高原，炎黄一宗派。俄鹫南搏，英狮北顾，神州纯要塞。

五大族，五色旗，问容谁破坏？库伦独立，拉萨弄兵，干逐共和外。

弃国权是废王吴太，构边衅是晋陀达赖。宣抚使，节度使，大义诚慷慨，两族勿忘萁豆悲，快快快！

这支歌说明了当时中华民族的历史情况，言简义深，忧国忧民，其作者是一个有心人。

张作霖大元帅遇难后，东北群龙无首，人心惶惶。7月4日，在东三省议会联合会的推举下，张学良就任东三省保安总司令职，继承了其父张作霖的基业。

张学良在追查皇姑屯炸弹案时，怀疑黄慕参与其事，于是撤了黄慕模范队长的职。黄慕正式离职时，还举行了告别式。被他收买过去的军官，有许多流了眼泪，但大多数同学都是对他恨在心头，然而张学良没明确表示他的罪名，同学们也不敢有所表示。

我当时只是个16岁的少年，心中乱如麻，十分茫然，只觉得征兆不祥。

到 8 月初，张学良竟用军队包围了模范队，缴了学生的枪。此举非常荒唐可笑，当年是他自己找来日本军国主义的中校间谍当模范队的少将队长，是自己引狼入室，造成模范队被敌收买的。

上述关于模范队的表述内容，有助于了解当年历史的复杂性。

幸亏在皇姑屯车站时高胜岳上校当机立断，从黄慕手中夺回了模范队的全权。高上校处理此事功高莫大，不仅夺回了模范队，还识破了日寇计划乘机夺取沈阳的阴谋，使九一八事变晚到了三年。

如果当时黄慕指挥模范队学生向日军射击的阴谋得逞了，日寇得到进兵的口实，沈阳可能当时就陷落了，东北的沦亡就等不到 1931 年 9 月 18 日才发生。

在当时和事后，张学良对此始终都没有清醒的认识，非但没问罪黄慕，反而迁怒学生，对高上校的大功丝毫没报，失去了 1000 多名学生对他的拥崇，这对他来说，是万两黄金买不回来的。

延伸阅读

《日本研究》于 2001 年第 4 期发表了辽宁大学日本研究所张劲松的文章《日本关东军特务机关述略》，在第 61 页有这样一段话：

1927 年东方会议后，日本帝国主义展开了侵略扩张的新攻势。关东军作为侵华急先锋，积极策划侵略东北的阴谋，制造了皇姑屯事件。在这一过程中，特务机关是积极参与者。其一，所谓"南方便衣队"就是通过特务机关实施的。其二，事件发生后，特务机关在奉天城内制造了多起爆炸事件，为关东军行使武力寻找借口。其三，特务机关暗中支持日本退役军人荒木（中国名黄慕），在东北军中培养所谓"模范队"，以作为发生突发事件时的内应。

国外记者采访瀛云萍

第二章　张学良的亲学生

模范队缴械后数日，全部学生被交给东北讲武堂善后，我们都住进东山嘴子的讲武堂营房。

讲武堂正在招第 10 期学生，年满 19 岁的同学都考入了东北讲武堂，不满 19 岁的拨归东北学生队，准备参加入学考试。

驻北大营的陆军独立第 7 旅旅长王以哲（注：王以哲，黑龙江省宾县人，东北军高级将领，张学良的得力部属。曾任 67 军军长等职，中共秘密党员，参与了西安事变的策划和实施。1937 年 2 月 2 日，东北军"少壮派"应德田、孙铭九等发动变乱，王以哲遇害，时年 41 岁。2015 年，民政部公布第二批 600 名《著名抗日英烈和英雄群体名录》，王以哲名列其中）中将兼任东北学生队的教育长，王以哲中将是张学良的爱将，第 7 旅是"东北王"的禁卫军，固定驻沈阳。王以哲派来一个旧部下闲员纪忠上尉和一位秦姓中尉，负责管理我们这 120 多名待考学生。

这个纪忠 30 多岁，行伍出身，小学文化水平，品质低级下流，吃、喝（酗酒）、嫖、赌、吹（抽大烟），贪污腐化，五毒俱全，却对军事学识一窍不通，蛮横无耻、无恶不作，是张老帅"胡子军"遗留下来的"腐朽标本"。

王以哲用这样一个社会蟊贼来带学生，是他毕生工作中的一个大污点。我们看在眼里，痛在心里。有些同学在张学良派兵包围模范队缴枪时，已经心怀伤感，又见纪忠这种缺德的官员形象，对"张家王朝"的幻想彻底崩溃了，于是自动散去 20 多人。

延伸阅读

　　东北陆军模范队是 1927 年 9 月在沈阳北大营成立的，招考的都是初中毕业以上程度的学生。1928 年，张作霖被日军设计在皇姑屯被炸死后，张学良撤换当时的队长黄慕，黄慕通过日本关东军、日本驻沈阳总领事要挟张学良，"只要东北陆军模范队存在，队长职务就应由黄慕担任"，张学良被逼无奈，下令停办东北陆军模范队，学员由东北讲武堂接收，这些学员被编入第 10 期受训。

　　——《东北讲武堂第十期考略》，朱宇著，《兰台世界》，2013 年第 31 期，第 90 页

　　东北学生队前身"卫队学生连"成立于 1926 年，由张学良创立。皇姑屯事件后，又扩充改编为东北学生队，作为东北陆军讲武堂预科学校。东北学生队的教学以爱国思想为主导、西方近代科学为基础、现代军事教育为内核，不同于传统的封建军事院校，成为奉张时期东北军事教育的闪光点和重要组成部分。

　　1928 年，东北学生队招考第 2 期学员，至此该队性质也有所改变，即按军官预备学校的教育要求，制订教育计划，进行训练。本期学生在教育、数量、质量、待遇以及各项设备上均为东北学生队发展的最高峰，是该队的极盛时期。

　　——《东北学生队概述》，高洋，《"九一八"研究》，2014 年，第 256—257 页

纪忠对此并不上报，每月照领这些散去学生的全部待遇，中饱私囊。这是当时中国军队的通病，名曰吃空饷，各连实有兵额较名册上都少几名，长官都知道，谁也不问，但缺20名以上的并没有，军事学校中更是没有这样的事。

纪忠除吃20多名空缺外，又把现有学生应领的细粮换成粗粮。有一次，纪忠得到的换粮回扣为大洋八块五，被同学王立刚所知。纪忠把王立刚打了60军棍。一边打一边说："老子把细粮换粗粮，只得到八块五角大洋的好处，他妈拉个巴子，住了两宿窑子就花光了，有什么大惊小怪的？有种的只管去告，看谁敢把纪大老爷怎样？"

我从此对北洋军阀完全失望了，但我家贫，非公费学校读不起书，只有忍耐下去。王立刚伤愈后则和几名同学一起逃跑了，给纪忠留下一张纸条："君子报仇十年不晚！老贼，后会有期。"

这几名同学一走，纪忠并没上报开缺，又给他增加了吃空饷的名额。这是"张王朝"阴暗面的一部分客观事实，我受"张王朝"培养有厚恩，但每个人的经历都是历史的一部分。我是研究历史的，写史者要有高尚的人格，是是非非，不为亲者、尊者讳，才对得起列祖列宗、列子列孙。"张王朝"的阴暗面，就是民国的阴暗面，所以革民国的命，是进步！

1928年底，东北学生队第2期招生考试开始，报考者2000多名，笔试录取了1500名，我在录取之列。笔试完了再面试，看相貌、口才、智商。试官是王以哲中将和汲绍纲上校，后者是汲金纯（注：汲金纯，辽宁省海城市人，东北军将领，郭松龄反奉时因功赢得张作霖信任，曾任第10军上将军长、山海关警备司令等职。九一八事变爆发后辞职闲居，多次拒绝参加伪满洲国。1948年病逝，终年70岁）都统的长子，曾留学日本，是个美男子。

每个考生要在试官面前横走30步，走3次，然后站到考官面前3步处，解答考官的问话。内定口试合格，就命令录取者站到考官的左后方；不合格者站到考官的右后方。我口试完了，就命我站到左后方。

当时已试完 200 多名，我一看笔试状元站在右后方，就认为右后方必是被录取的，心里顿时很失落，当场流下眼泪，觉得学习的机会没了。面试完毕，左后方站了 720 名，王以哲中将宣布左后方是最终录取者，我立即转忧为喜。

忽见右后方笔试状元大步走到考官面前，举手大声问："报告考官，我笔试头名为何不取？"王以哲中将说："人间职业千行万种，唯当军官这一行要选容貌，站到队伍面前是人君，必须相貌堂堂、令人望之起敬，派到国外当武官是代表国家民族。你面貌欠佳，故不录取。"

该生问："王将军，你读过历史吗，黄巢为什么造反？"两位考官都哈哈大笑说："这孩子真敢说话。"王将军说："你虽没被录取，但你有真才实学，我给你安排个文官的位置，你会有前途的。"

这个状元是我模范队同学，叫张树嘉，面上有浅白麻子。王将军马上委任他为第 7 旅的少尉文书。

值得一提的是，模范队来的都录取了。

1929 年初，东北学生队第 2 期开学，队址在沈阳城小东边门外，老龙口烧锅西边。我们这些模范队的学生（一共 120 多名）由讲武堂营房迁往"外馆营房"暂驻，仍按模范队时的下士待遇，每月发 7.2 元银洋零花钱，所有学习、生活所需均由张学良供应。

我们 720 名学生共分 8 个队，每队 90 名，设队长一员，规定军衔为上尉；每队又分 3 个区队，每区队 30 名学生，设区队长一员，规定军衔为中、少尉，区队长又称队附。

延伸阅读

东北学生队第 2 期于 1928 年秋季招生，主要面向普通高级小学毕业生及初中毕业生，连同模范队拨来的小同学们，共分两次考试。笔试录取后，又由汲绍纲总队长亲自挑选。自 1000 多名笔试录取生中，选中 720 名模样好的学生。当时，笔试第一名的学生张树嘉落选。张即问汲绍纲："我笔试第一名又没有什么疾病，为什么不要我？"汲总队长答："当军官的需要有威仪，你有麻子，站在队伍前边不好看。人间工作多着呐，你何必一定当军官呢？我将给你适当的安排。"所以这期学生非但文化程度等齐，而且相貌堂堂。

——《东北学生队概述》，高洋，《"九一八"研究》，2014 年，第 257—258 页上设总队部，总队长是汲绍纲上校，王以哲中将为教育长，张学良为学监。总队长汲绍纲天天按时到队办公，教育长王以哲每周来总队两三次，有时到各教室去听课，学监张学良每月来几次不定，来了就到各教室听课。

东北学生队就是东北军的初级军校，是东北军事教育大圈圈里的小圈圈，张学良、王以哲两将军对学生很重视，生活待遇很优厚。

总队部设三大课：教育课，由中校课长林大木主管军事学教务；军事课，门类同模范队，均由各队官员任教师；教授课，由中校课长杨秀教授主管普通学教务。另有事务课，由少校课长岳昭负全队后勤之责，也称总务课。

普通学科有历史、地理、物理、化学、数学、各国外文等，均聘请沈阳各高等院校教师讲课，一律等同少校待遇。

学生按实际水平分为初级班、高级班两等。第1、2、3、4、5、8这6个队均为初级班，第6、7两队为高级班。每队又分两个教授班，共计有4个高级班。

4个高级班是全国军事学校前所未有的，当时内定高级班学生毕业后，优者均送其外文科国家的军校留学。初级班各班状元同高级班优秀生待遇。

第8队是少年队，不满17岁的学生分在此队。我在该队英语班，队长是李芳春上尉，东北讲武堂第7期生，其人颇富进步思想，我对他的印象较好。

学生队教学的军事基础知识，对我来说都是重复和再学习。我在模范队已经用心学习了两年，正当记忆力极强的时候，现在又重复学习了三年，可以说达到了熟练精湛的程度。这先后五年的严格教育和训练，给我的体格、兵学和文化打下了坚实的基础。

用这么长的时间学习基础知识，这是一般军官罕有的学习经历，看上去像是对光阴的浪费，但我后来的经历证明，基础知识不牢固，在军旅生活中是会发生大问题的。

在普通学科里我很重视历史和地理，我最后的学历是东北师范大学地理系本科毕业，后来当了30年地理教师，写了一百多万字的史学著作，都与在学生队的这段学习经历有关系。

教历史的老师叫祖恩瑞，他老人家的史学水平、教学方法都高深莫测。我一生接触过的历史老师无数，综合智能水平无高于祖老师的。我一生任教50年，时时模仿祖老师，所以教学效果不错，但是与祖老师还相差很远。

祖老师爱国主义思想很深，九一八事变的第二天，他冒险去看学生情况，痛死在校门前。哀哉！

学生队开学后，纪忠老贼又被拨到学生队总务处来当副官，负责办理全校学生的伙食，照样贪污。由于他用取得的不义之财去吃喝嫖赌吸鸦片，已弄得三分像人，七分像鬼，也不知他有什么后台，始终无人查问他的劣迹。

总务处离我们第8队的教室很近，我们下课后常看见这个老贼。第8队的同学多从模范队来，大家一看见纪忠就不约而同地喊"八块五"。纪忠听见跑过来打人，同学们就一哄跑进教室里，他不敢进教室里胡来。有一次他找不到学生，去找我们第8队的队长李芳春上尉。李队长对此内幕早有所闻，故作不知地说："你那么大的上尉副官，怎么和我们的少年学生去打闹？什么叫'八块五'？是什么讲法？你这官司我管不了，请你去找总队长，总队长会查清'八块五'的根源，秉公处理的。"

汲绍纲总队长是热河都统汲金纯的长公子，家财巨万，不仅不贪学生队的一分钱，连应得的上校薪水，也都花在补助贫困学生身上，为官"公生明、廉生威"，作风正派。全总队除纪忠外，没有一名贪污者，纪忠怎敢去找总队长？

在模范队学生的广泛宣传下，第二年全总队的学生对"八块五"的典故都明白了，"八块五"已成了纪忠的代号，因为他在继续贪污学生们的伙食费,所以全体学生都恨他,"八块五"的呼喊声经常响起。

1930年5月的一个星期日,我召集各队学生代表,在我的第15教授班开会研究伙食改革事宜。我们向总队长提出我早已写好的《八块五史实和纪忠目前贪污的真相》,推选了八名代表,由我带头签名盖手印,呈给总队长汲绍纲。

各队带队官站在官官相护的立场上认为是学生闹事,总队长于是把我们八名上书者分给八个队长审问事实,但不准打学生。

每个学生都不是由本队队长审问,我被分给第1队姜华东队长审问。

我把事情经过从头到尾讲了40分钟,姜华东最后说:"你讲的完全是事实,有理有据,自当查明办理。但你以小犯上是犯法的,应当惩罚。"我说:"队长所说的法是封建王朝的法,现在是民国,法律上人人平等,没有什么'小人''大人'之分。民国的官员都是人民的公仆,我控告的纪忠是给学生办理伙食的服务员,我与他没有从属关系,他又不是我哪门课的老师,怎能称为'上'呢?我是在检举贪污犯,为学生们除害,如果我检举不实,有罪。检举属实,有功。检举者就有罪?法律上没有这一条。"姜华东面红耳赤,说:"好吧,我只问到这里,查实之后再说。"

第5队代表戴福存对自己受审大为不满,他向总队长写抗议信,说:"总队长,你常讲,为公家做事要公正廉明,可你委用贪污分子,又偏向贪污分子,能算得上公正廉明吗?像你这样口是心非的大官,我要当权,会枪毙了你。"

汲绍纲总队长接到此信后,心里很难过,召集全体同学讲话:"你们八个代表给我的信,都收到了,又经过八位队长分别查问事情,真相搞明白了。从明日起停止纪副官的主办伙食工作,由学生组织伙食委员会管理。我用人失检,向同学们道歉。不过戴同学给我的信有些过火,你现在如果是我的长官,对我用人失当的过失也不能枪毙呀。"

戴福存也觉得自己不对了,在队伍中大喊一声:"报告总座,学生错了!您惩罚我吧!"说着就跪到地上。总队长说:"你是我的学生,师生如父子，孩子错了罚他老师，我该罚。你起来，以后加强学习就是了。"又指着他的队长说："以后你们也不要再提这件事。"

会后，我们八名代表立即组成伙食委员会接手管理全总队伙食。

这时暑假到了，该我当班给留队没回家的学生办理伙食，第一天中午就吃的白米饭、茄子，从此我们的伙食就永久改善了。对纪忠怎样处理的不知道；但后来再也看不到这个坏蛋了。

张学良是我们东北学生队的学监，日理万机之余，总要抽时间来我们学生队听课。他对教官的要求很严，不称职者马上就换，把东北军的未来都寄托在我们身上，给学生队的待遇非常优厚。

东北讲武堂是东北唯一在国民政府注册的军事机构，学员都是有职衔入学，军装是灰布制作。而我们学生队的外出服，夏服都是草绿色高级卡其布制作，冬服一律是草绿色毛呢。生活用品什么都发，夏天发给花露香水，冬天发给雪花膏，其他就不用说了。

我家家境中落，不能读收费的学校，只能全力学习考公费学校。现在我只出个赤身的白条，在张氏包干供应的条件下安心学习了五年，奠定了文、武知识的基础，张学良自然是我的恩人、恩师。当然，张家的钱都是东北父老的血汗钱，归根结底我应该报祖国覆载、培养、教育的厚泽深恩，我初步的人生观，就是在这个基础上树立的。

东北学生队的办学目的、教学设备都好，只是那些干部的思想水平很落后。我们的队歌是："男儿入戎伍，企图取功名……"以功名利禄为目的，比之同时存在的南京"中央军校"的校歌"怒潮澎湃，党旗飞舞，这是革命的黄埔……"有天壤之别，东北的军校不过是在培养"小军阀"。

1928年12月29日，东北易帜。

张学良为了祖国早日统一，不顾日本人强硬阻挠，决心与国民党政府合作，降下了落后的五色旗，升起国民政府的青天白日满地红旗，祖国表面上统一了……

东北易帜后，东北军官兵与革命思想有所接触，自然向前迈进了一

延伸阅读

"东北易帜",就是1928年12月29日,以张学良为首的东北地方当局,公开宣布遵守三民主义,服从以蒋介石为首的南京国民政府,并在东北各省同时降下原北京政府时代的五色旗,代之以南京国民政府青天白日旗的政治转向事件。它含有三个基本特征:一是东北地方政府服从南京国民政府;二是东北地方政权由北洋旧政权变成国民党新政权;三是这一切都是通过和平手段实现的。东北易帜虽然发生在1928年底,却经历了一个从酝酿到最终实现的曲折过程,前后达半年之久,涉及包括张学良、蒋介石、田中义一在内的中日两国三方的复杂关系,是中国近代史特别是民国史上的重大事件。

——《论一九二八年的东北易帜》,曾业英,《历史研究》,2003年第2期,第78页

大步。教育长王以哲中将给我们重新定了队训:"我民族受强邻之压迫,危在目前,凡我讲武堂学生队职教员学生等,务必遵照总理(指孙中山)遗嘱及长官(指张学良)意旨,矢勤矢勇,努力奋斗,贯彻始终。"这比"男儿入戎伍,企图取功名……"的队歌向前跃进了一大步,已经对东北的前途有所觉悟了。

王以哲是东北军中觉悟较高的将领,而像纪忠一类醉生梦死的军官还大有人在,学生们看在眼里,痛在心里,无可奈何耳。

1929年1月10日晚,张学良杀了杨宇霆。

杨宇霆是张作霖的军师,他有勾结日本以巩固自己在东北地位的一面,也有帮助张作霖阻止日本人谋取东北某些主权的一面。张作霖死后,从公的方面说,继承人应当是杨宇霆,但东北军的老将们思想封建,都认为东北的江山是张作霖打下来的,老帅死后,江山自应由少帅继承,这也正是张作霖的本意。

当年张老帅给少帅娶于凤至为妻时,就对少帅说:"他妈的,这姑娘名为凤至,将来能当皇后嘛!"也就是说儿子将来能当皇帝,他的老伙伴们都是这个思想。开会选定继承人时,汤玉麟把手枪往桌子上一拍,说:"他妈的,东北的江山是我张大哥打下的,他死后当然得由张学良继任!我看谁敢说不?"决定就是这样通过的。

但杨宇霆心中不满,一直与张学良暗斗。

对与蒋合作的事,杨宇霆也不同意。杨主张东

北应保持分裂割据的状态，与蒋合作是会被蒋吃掉的。杨的预见是正确的，但这对祖国是不利的。

东北易帜后，在南京任命东北边防军司令长官一职的典礼大会上，杨即公开声明，不就南京委任的东北政务委员职，拂袖而去，弄得张学良面红耳赤。大概杀机起于此时矣。

在杨与张的暗斗中，日本人经过考虑，认为杨的老成多谋远胜于张，如杨得到东北，往后侵略东北就不顺利了，所以决定抑杨助张，施行反间计：由日本特务大川周明（注：大川周明，日本法西斯主义之父，名列东京审判甲级战犯。死于1957年，终年71岁）送给张学良一部《日本外史》，把德川家康篡夺丰臣秀吉政权的一段历史用红笔勾上，让张学良细看，即以杨宇霆拟德川家康，张学良拟丰臣秀吉。张学良读后，杀杨的意识又增加了几分。

而杀杨的导火线，是杨宇霆为其父祝寿的宴会场上发生的情况：

1929年1月6日，是杨父的寿诞。张学良携夫人于凤至前往祝寿。一进客厅，里面来自全国各地军、政界的要人或代表，对实际上的"东北王"竟未加理睬。等到杨宇霆来接张学良，一到客厅，全体来宾一齐起立向杨致敬。

相形之下，张学良顿感不适。

历史上有句老话：功高不赏者危，其威震主者亡。杨宇霆在"张王朝"，功盖群僚，威震少主，其亡必矣。

张学良回府后，于凤至流泪说："小爷，你哪是东北的主人？杨宇霆才是东北的主人！"张学良杀杨之心自此定矣。但是杨在东北的潜在势力雄厚，张学良有所顾虑，

延伸阅读

日本国家法西斯理论创始人之一、第二次世界大战甲级战犯大川周明，在"杨常事件"前后，每年都以"东亚经调局理事长"的身份"来满洲两三次"，以加强"他和关东军及中国要人之间的联系"。他所联系的"中国要人"就是张学良，自称与"张学良素有深交"。在张学良继承父位不久，大川周明，即将一本日人赖山阳写的《日本外史》转交给了张学良，并事先用红笔把德川家康篡夺丰臣氏政权、使丰臣秀赖自杀的一段历史着重勾画出来，暗示张学良对这段历史，要认真阅读，反复玩味。

——《"杨常"与日本》，陈崇桥，《日本研究》，1986年第3期，第58页

延伸阅读

张学良是什么时间决定一定要杀杨、常的？决定杀死杨、常这样重量级人物，张学良疑虑重重。大家都知道他是通过用银元卜卦的方式决定的，张学良说："我丢了三次，都是大头在上，我说可能是成色有问题，再押反面，丢三次又全是反面，我太太就哭了，她知道我要杀人。"这段话说明，张学良是与他的夫人于凤至在一起卜的这个卦，张学良自己也承认曾与夫人商量过。那么是什么时间卜的卦？根据相关资料推断，是7、8、9日这三天的某一天的夜里。

——胡玉海《张良枪杀杨、常事件的评析》，顾奎相、杨路平主编，《辽海讲坛·第五辑（历史卷）》，2009年，第279页

于是拿出"袁大头"银洋一块，对于凤至说："咱们用这'袁大头'卜个卦，把它扔到地下，'袁大头'在上面就不杀杨，在下面就杀杨。"扔的结果，"袁大头"在下，于是决定杀杨。

当月10日晚10时，张学良请杨宇霆和黑龙江省主席常荫槐到大帅府老虎厅商谈成立东北铁路督办公署一事。杨、常到老虎厅后，早已做好准备的警备处处长高纪毅（注：高纪毅，辽宁省辽阳市人，热河抗战失败，张学良下野，高纪毅退出军界。曾为北平和平解放做出过贡献。1963年病逝，终年73岁）、副官谭海（注：谭海，辽宁省凌海市人，张学良去南京被软禁后，跟随东北军东调。七七事变后隐居天津，拒绝与日本人合作。1954年病逝，终年63岁）、苑凤台等六人，三人一组端枪闯入老虎厅，当场将杨、常枪决于座位上。张连夜电告南京："杨、常结成死党，包藏祸心，阻挠和局，妨碍统一，将彼等处死。"

杨宇霆字邻葛，以诸葛亮自比，在东北也有"小诸葛"的外号。他与张作霖的相处，也似诸葛亮与刘玄德（刘备）的关系。如果他确实能像对待老帅那样对待张学良，对东北以后的局面会有所帮助。张杀杨后，可能也想到这些，非常痛悔。他在送杨宇霆的挽联说："讵同西蜀偏安，总为幼常挥痛泪；凄绝东山零雨，终怜管叔误流言。"表明自己杀杨、常，就像孔明斩马谡，周公诛管、蔡，实在是不得已而为之。

张在给杨宇霆夫人的信上说："弟受任半载以来，费尽苦心，百方劝导，请人转述，欲其（指杨）稍加收敛，勿过跋扈，公事或私人营业，不必一人包办垄断，不期

骄乱性成，日甚一日，毫无悔改之心。"

张学良说的全是真话。当时不这样做，他的位置不稳，东北政局难安。这样做就失去一员大谋臣，他确实为此痛哭终日，寝食不安。

杨宇霆的胞弟杨宇霁是我表姑父，家住铁岭县城广裕大街，得到杨宇霆被杀信息，全家立即逃亡，把住宅的一切不动产全部都交给我父亲管理。然而张学良为人仁厚，杀杨宇霆后并未株连其家人亲属，检查杨宇霆住宅时，只将其私藏的枪支弹药取走，对其家财分文未动。又把杨安置的文武官员都撤换了，对我这种军校学生根本没问，只是因此知道了我的名字，我在学校照常继续学习。

1929年10月，发生了"中东路事件"。

俄国人对我国的侵略由来已久，我国与俄国人订立《尼布楚条约》时，因我们的民族知识、地理知识水平太低，被俄国人钻了空子，就订了个丧权失地的不平等条约。在其后的中、俄接触中，我国总是吃亏，俄国或多或少总是占便宜才行，沙俄是历史上侵占中国领土最多的帝国。

中东路就是沙俄为控制远东，在中国东北境内修的一条铁路。1929年，张学良想收回中东路的主权，采取武装行动，与苏军发生战争。

张学良以王树常（注：王树常，辽宁省沈阳市辽中区人，先后担任国民政府河北省政府主席、军事参议院副院长等职，后长期寓居。新中国成立后，曾任水电部参事室参事，第二、三届全国政协委员。1960年过世，终年75岁）为第1军军长，统3个步兵旅、1个骑兵师、1个炮兵团；胡毓坤（注：胡毓坤，辽宁省海城市人，东北军高级将领，陆军中将，抗战期间投靠汪伪政权，任伪豫皖苏鲁边区绥靖

延伸阅读

中东铁路是由俄国出资在中国东北境内修筑的。

1905年，俄国战败。长春—大连段及其一切支线转归日本，并改称"南满铁路"。此后，中东铁路不再包含南满铁路部分。1924年，中苏签署协定，从法律上确定了苏联在中东铁路上的地位。1929年，中国东北地方当局强行接管中东铁路，引发了中苏间激烈的外交冲突与局部的边境战争，史称"中东路事件"或"中东路战争"。

——《中东路事件研究中的几个问题》，刘显忠著，《历史研究》，2009年第6期，第79页

总司令、伪驻华北军务长官等职。抗战胜利后，被国民政府逮捕。1946年，以汉奸罪被处决，时年51岁）为第2军军长，统3个步兵旅、1个骑兵旅、1个炮兵团，以防不测。

10月12日，苏军兵舰10艘、飞机25架配合陆军从东向东北军进攻。东北军江防舰队、陆军立即起而应战。因兵力悬殊、武器落后，水军全军覆灭，陆军伤亡惨重。我同江、绥芬河相继失守。

1929年11月16日，苏军由阿巴该图出发，越过已经冰封的额尔古纳河，以两个步兵师和一个独立骑兵旅的兵力，4万余人，向东北军东、西两面同时进攻。东线我密山、东宁失守；西线扎赉诺尔第17旅浴血抵抗，全军覆没，旅长韩光第（注：韩光第，黑龙江省哈尔滨市双城区人，民国时期爱国将领，曾留学日本，1928年"东北易帜"后，任陆军第17旅中将旅长。中东路事件爆发后，苏军大举入侵中国的扎赉诺尔和满洲里。韩光第亲临第一线，壮烈牺牲，时年33岁）殉国。韩光第旅长为近百年来为卫国牺牲的第一位中将，南京政府追赠其为陆军上将，以彰忠烈。韩公殉国地叫秃尾巴山，位于八里小站之西、邻达赉湖（呼伦湖）。

满洲里东北军第15旅战败，旅长梁忠甲（注：梁忠甲，辽宁省昌图县人，皇姑屯事件后，任职第15旅中将旅长。扎赉诺尔失守后，苏军集中兵力攻陷满洲里，梁忠甲兵败被俘，次年1月回到满洲里。同年3月8日因煤气中毒身亡，时年43岁）被俘。

中国近百年来的国防史，就是一部血泪史。

这次战役从一开始，战报就随时传到我们东北学生队。韩光第旅长是我们教育长王以哲中将的好朋友，所以韩旅长从前方寄回来的家书，王老师都给我们宣读。从其家书中看，韩旅长从受命抗战之日开始，就决定为国捐躯，不成功即成仁，义无反顾。当我们得知韩公殉国的确切消息时，全体学生无不失声痛哭，悲痛万分。

当苏联大军压境时，我东北军势弱力孤，南京政府又不给予实际援助。幸亏苏军不想扩大战事，只想确保中东路既得的利益，乃与张学良订立了《伯力协定》。中东路又恢复了1924年《中俄解决悬案大纲协定》（注：全称为《中俄解决悬案大纲协定及声明书》，由北洋政府外交部部长顾维钧与苏联外长加拉罕于1924年签订，规定了双方在东北三省的利益归属，苏联放弃了沙俄原来在东北地区的一些不平等权益，但是在执行中打了折扣）和《奉俄协定》（注：全称为《中华民国东三省自治政府与苏维埃社会联邦政府之协定》。1924年，由苏联代表库兹涅佐夫与张作霖派出的代表郑谦等签订，就中东铁路相关问题达成协议）的情况。后南京不批准《伯力协定》，派莫德惠（注：莫德惠，民国时期黑龙江省双城县的政治家，深受张作霖、张学良父子两代人倚重，1949年去台，曾任台湾"考试院院长"。1968年过世，终年85岁）为专使与苏联交涉。

此事尚无结果时，发生了九一八事变，苏联于1935年以1.4亿日元将中东路卖与日本。直到抗战胜利后，我国才从日寇手中收回这条铁路。

延伸阅读

……苏军对中国东北边境连续三次大规模进攻：10月12日—11月2日的同江之战、11月17—18日的密山之战和11月17—20日的满洲里—扎赉诺尔之战。结果，苏军大获全胜，中方损失惨重。满洲里和扎赉诺尔战役中中方损失最大：阵亡约1500人，伤约1000人，被俘约8300人。被俘者有西北战线的总指挥梁忠甲及其下属约250名奉军军官。在扎赉诺尔战斗中，苏方仅第35步兵师就俘虏了中方2名军官和998名士兵。在同江战役中，中方的7艘战舰被击沉，约500名官兵阵亡，数千人被俘。而苏方在中东路的各次战斗过程中，当场阵亡及在救护撤离阶段因重伤死亡者仅281人；受伤、受震伤、冻伤者（不包括无须入院治疗的轻伤者及病人）则为729人。

——《中东路事件研究中的几个问题》，刘显忠著，《历史研究》，2009年第6期，第87页

晚年瀛云萍

延伸阅读

"大陆政策"是近代日本对外侵略扩张的核心政策。它的主要内容是指以武力吞并朝鲜，占领中国，进兵东南亚，并把进攻矛头指向印度和澳大利亚这样一个庞大的侵略计划。从明治初年至1945年日本战败，宣布无条件投降，"大陆政策"经历了半个多世纪的漫长岁月，随着客观形势的变化，"大陆政策"也在不断地发展和深化，纵观其全部过程，大致可分为"形成—发展—调整—膨胀—崩溃"这几个阶段。

——裴匡一《论日本"大陆政策"的演变过程》，中国人民抗日战争纪念馆编，《中国人民抗日战争纪念馆文丛·第五辑》，1995年，第256页

第三章　九一八事变是早晚要发生的

九一八事变，是中国现代史上十分重要的一篇。我是这次事变的亲历者，又是史学研究者，所以我必须把这一史实写真实。

一、事变的历史根源——远因

外因，即日寇方面的原因：

明治维新一开始，明治天皇就确定了以武力对外扩张的军国主义政策。随着国势强胜，日本力图用战争手段侵略朝鲜半岛和我国东北地区，进而灭亡中国，称霸亚洲，征服全世界，即他们自己所称的"大陆政策"，想把国都从海岛搬到我国大陆上来。

其后日本就逐步推行其"大陆政策"，通过中日甲午战争、《马关条约》的订立，占领了朝鲜半岛、中国的台湾岛和澎湖列岛，侵夺了中国的旅顺、大连，控制南满铁路，与沙俄划分侵略我东北的势力范围，策划满蒙脱离中国而独立，强迫袁世凯订立了卖国的"二十一条"……

九一八只是其"大陆政策"的一个步骤，是早晚要发生的。

内因，即我们本身的原因：

两千多年的封建思想,到清末已经腐朽到不堪救药的程度,正如林则徐所说:"非但无可筹之饷,而且无可用之兵。"鸦片毒害得中国没几个健康人,连东北军政领导人张学良都曾吸过毒,中华民族被扣上了"东亚病夫"的帽子!

辛亥革命成功了,打倒了最后一个大皇帝,却冒出来数不清的军阀土皇帝,单四川一省就有大小不等的几十个军阀土皇帝,各自为政,不相统属,政府形同虚设。政治上一盘散沙;文化上极端落后,文盲遍地;民族间不相团结,文化较高的汉族中,许多人是大汉族主义者;经济上国穷民困、百业凋零,因而盗贼蜂起,甚至有的官员都被绑票。哪里还像个国家?

事变的近因,则起于张学良东北易帜。

日本军国主义分子原想利用张学良当东北的皇帝,等东北板块脱离中国后,再弄成日本的属国,不用通过战争就把东北弄到手中了。没想到张学良非但不入圈套,反而积极靠拢国民政府,于1928年12月29日易帜,维护了国家领土的完整。

1930年9月18日通"巧电"助蒋,随即于21日,东北军主力西进入关,一枪没放,吓散了汪精卫、阎锡山组成的夺权集团——调解了中原大战;后又接收了北平市、天津市、河北省、察哈尔省的政权,促成了南京国民政府的"形式统一"。

1931年3月1日,张学良派人前往北平组织"陆海空军副司令行营"。4月18日,张学良由沈阳移驻北平。东北边防军司令长官部的业务交给荣臻(注:荣臻,河北省枣强县人,保定军校毕业,在奉军中逐步升迁,1931年任东北边防军司令长官公署中将参谋长。抗战期间投日,沦为汉奸,任伪河北省省长、伪华北政务委员会保定绥靖公署主任等职。1960年过世,终年71岁)总参谋长,荣臻是亡清的余孽,对清朝的情感很深。

张学良的作为震动了日本军国主义分子,中国如果长治久安下去,则强盛就大有可能，那么日本的"大陆政策"岂不成了泡影？其称霸亚洲的希望就要成空。所以日本军国主义的少壮派，就在蒋张合作未十分稳固的情况下发动了这次事变。

抗日战争虽以日寇彻底失败告终，但这场战争，日寇对我们的伤害太严重了，也让我们吸取了惨痛的教训。

二、日寇制造的九一八事变爆炸点位置

史学界对爆炸点的位置有两种说法，有的说在柳条沟，有的说在柳条湖。

柳条沟在沈阳市东北郊，位于今天沈阳市沈北新区曾家沟附近，距沈阳市中心约30公里，不在南满铁路附属地内，也根本没有铁路。所以凡是说爆炸点在柳条沟的人，都是不了解沈阳地理环境的。

说爆炸点在柳条湖的，应该是正确的。

柳条湖怎么错成柳条沟的呢？是日本朝日新闻社派驻奉天通信局局长武内文彬误导的，他向各方面发出的九一八事变第一封电报中说："9月18日午后10时半，中国军队一个团，将奉天郊外柳条沟之满铁铁路予以爆炸……日中双方终于开战。"这就是把"湖"字错成"沟"的根源。其后以讹传讹，传了很久。

柳条湖在北大营"土围墙西南角"西南方500多米的位置，南满铁路经过该地。爆炸点就在这段铁路线上，因为接近北大营，才好诬赖是北大营军队干的。

策划这场爆炸的是日本关东军的参谋石原莞尔（注：石原莞尔，时任关东军作战参谋，主张逐步占领中国，后升至日本陆军中将，因与东条英机意见不合，被挤出军界。死于1949年，年60岁）和高级参谋板垣征四郎（注：板垣征四郎，参加过日俄战争，时任关东军高级参谋，后升至日本陆军大将。曾任关东军参谋长、日本侵华派遣军参谋总长、驻

朝日军司令、第七方面军司令。1948年被远东国际军事法庭以甲级战犯判处绞刑,年63岁)。事变后,日寇在此地建立了"满洲事变战功纪念碑",抗战胜利后,此碑被推倒。

三、九一八事变当日的战斗情况

九一八事变前,东北军主力都在关里,沈阳的正规军只有王以哲的第7旅,此外有枪的只有一些军事教育机关和警察宪兵等。当时沈阳的最高军事长官是代理参谋长荣臻中将。

日寇最先攻击的是北大营中国陆军独立第7旅,旅长是王以哲中将,旅参谋长是赵镇藩(注:赵镇藩,吉林省永吉县人,后任第53军参谋长、副军长,参加了淞沪会战、武汉会战、长沙会战、中国远征军印缅抗战。1948年在沈阳投诚。新中国成立后,曾任山西省交通厅厅长、民革山西省委委员。1967年过世,终年65岁)上校。王以哲是我所在军校的教育长,我们每次到第7旅去实习,王教育长就请赵镇藩上校来讲课,所以都是我们的老师。

第7旅是一个师缩编而成的,共有官兵9000多人,是东北军的精锐部队。日寇发难时,王以哲中将在沈阳城里的家中休息,在旅司令部负责的是赵镇藩上校。

不抵抗的命令是从荣臻口里说出来的,但不是他的意思。不过荣臻是亡清余孽,他的内心世界是很难想象的。

在战术上,不抵抗的正当行动是撤退、攻击、防御、遭遇战、追击、退却都是正当的作战行为。在情况不利、战必败的情况下,就应机智地、有计划地撤出险境,转危为安,保存实力,捕捉有利的时机再行反攻。

"不抵抗"不是投降,更不是挺着等死。荣臻给赵镇藩的命令真是千古奇闻,在世界战史上丢尽了中国将军的脸。

日寇因震慑于王以哲、赵镇藩率领的第7旅威名,虽奉命来攻,却

延伸阅读

有关九一八事变的过程，赵镇藩后来在回忆中记载：

当日白天平静无事，至晚间10点20分左右，突闻轰然一声巨响，震动全城（事后方知是日军在南满路柳条湖附近炸毁铁路，诬为我军所为，以作发动事变的借口）。不到5分钟，日军设在南满站大和旅馆的炮兵阵地即向我北大营开始射击，并据情报人员报称，日军步兵在坦克掩护下向我营开始进逼。我得报后，向三经路王以哲家打电话。王说，他去找荣参谋长研究。当时因王以哲旅长不在军中，我除一面立即下令全军进入预定阵地外，一面用电话直接向东北边防军参谋长荣臻报告。他命令我说："不准抵抗，不准动，把枪放到库房里，挺着死，大家成仁。为国牺牲。"我说："把枪放到库房里，恐怕不容易办到吧！"过了不久，我又借汇报情况为由，打电话给荣臻，希望他改变指示。我说："这个指示已经同各团长说过了，他们都认为不能下达，而且事实上也做不到，官兵现在都在火线上，如何能去收枪呢？"荣臻仍然坚持说："这是命令，如不照办，出了问题，由你负责！"我问他王以哲是否在他那里，他说："曾来过，已经回旅部去了（王在回旅部途中被阻折回）。"我觉得荣臻难以理喻，就挂上电话，命令各单位仍按原定计划准备迎击敌军。

到了11点钟左右，北大营四面枪炮声更密，有如稀粥开锅一样。这时荣臻又来电话问情况，我向荣臻报告说，敌人已从西、南、北三面接近营垣，情况紧急，把枪放进库内办不到，并向他建议是否可将驻洮南的常旅（第20旅）调来。他仍说不准抵抗，并且说，调常旅已经来不及了，指示我们必要时可以向东移动。

——赵镇藩《日军进攻北大营和我军的撤退》，宋希濂、董其武等著，《正面战场：九一八事变》，中国文史出版社，2016年，第22—23页十分胆怯，不敢急进，只以炮火猛击，打得北大营烟尘漫天，步兵只在坦克掩护下缓缓前进。直到次日早2时，其铁岭、抚顺的日寇来到后，才以几倍的优势兵力接近北大营。

我军本应在敌"分进合击，尚未合围"之前立即撤走，或各个击破之。但受制于荣臻的乱命令，不能运用战术，只能被动待敌。荣臻给赵镇藩的命令是"不战，不降，也不退"。寇兵是从东、南两面冲入营垣的，与第7旅展开白刃战，7旅是长于大刀术的，故白刃战寇兵非我对手。

血战到19日凌晨3时，赵参谋长下令突围，立即向东杀出一条血路，我军大部分冲出，向东山咀子（注：东北军兵营东大营所在地，驻有军队和军校，事发时东北讲武堂在此办学）方向转进。敌寇到天亮才完全占领了北大营。

赵镇藩参谋长带第7旅到东山咀子后，又把讲武堂师生全部带走了，向山城镇方向转进。

王以哲旅长乔装混出沈阳，找到部队，用几个夜行军避开日寇空军的侦察，经过灰山向西北转移。灰山就是今天的辉山，在沈阳市东北18公里许。随即第7旅巧妙地越过南满铁路线开到北平，进驻北平清河大楼。

四、九一八事变当日我国的直接损失

当时的直接损失，据《伪满洲国史》的记载是：仅以沈阳兵工厂的损失为例，便有"步枪8万

延伸阅读

这时北大营第7旅又来电话告急，说："日军由柳条湖出发，已突破西卡门。"荣臻告诉他们："无论如何，就是日军进入营内，也不准抵抗，武器都要收入库内。"对方问："日军要命怎么办？"荣说："军人以服从为天职，要命就给他。"刚说完话，奉天典狱长倪文藻也来电话告急，说："日军爬城，在城上向狱内开枪射击。"我说："凤山（倪文藻字）哪，目前不能派军前去保护，你们自己要沉着固守。"

——李济川《九一八事变纪略》，宋希濂、董其武等著，《正面战场：九一八事变》，中国文史出版社，2016年，第17页

支、机关枪4000架，新旧飞机（已装成和未装成者）200架，立即能用者65架。弹药、粮秣、被服、迫击炮各厂总计全部损失在1万万元左右"。沈阳驻军、长官公署等单位的武器也大部分落入敌人之手。其他如银行和各机关的损失，无法计算。

据刘博崑先生写的《我所知道的九一八事变及张学良二三事》（《张老帅与张少帅》，司马桑敦等著，中国台湾：传记文学出版社，1984年，第272页）所载：

显见之物质损失，只兵工厂一处即近2万万银洋。去年兵工厂之报告：一切机械设备与兵器储存，在1万万8千万以上。据云现时所存有之兵器及原料，计有步枪15万支，手枪6万支，重炮野炮等共约250尊，各种子弹计300万发，炮弹10万发，弹药5万磅。至迫击炮厂，存有迫击炮约600尊。飞机场库停存飞机300余架，其中可飞行者100余架，作战机70余架，总计空军损约在6千万以上。

刘博崑所计的损失较《伪满洲国史》所记的较详细、数目也大，但这些损失也只是整个损失中的一小部分，全部的损失是东北的国土与人民。

当时张学良忙于中原大政，常驻北平，东北的军政实权都在荣臻手中。既已决定撤退，可移动的军用装备，尤其可飞的飞机，就应撤走运到关内，作为以后反攻的资本。把这些可动产，尤其飞机、枪炮弹药、现大洋一齐拱手资敌，这是百分之百的"国贼、内奸"行为。

晚年瀛云萍，身前的八八炮模型为其本人制作

第四章　亲历九一八之夜

东北学生队第2期是1929年初开学,到日本关东军发动事变的那天,距毕业还有三个多月。

当日早晨3时许,我们同学从梦中被炮声惊醒,知道有变,急忙起床着装,准备到枪架取枪。

这时李芳春队长进来了,流着眼泪说:"日寇对我们发动了武装攻击,代参谋长荣臻转来副司令转达的蒋委员长命令,要枪给枪、要命给命,不准抵抗,静候国联解决。"说到此,已泣不成声。

同学们说:"春秋之义,孝子从治命不从乱命,况将在外君命有所不受,我们岂有拿着枪等死的道理?请队长去请示,我们要取枪打出去。"队长说:"好!"他出去十几分钟回来了,提着一大包钱,说:"同学们,军人以服从为天职,怎能抗命呢?抵抗是绝对不行的。同学们一定要取枪,就先打死我吧!"同学们相视几秒钟,看看队长的窘境,三年的师生情谊,怎好过度给队长为难呢?一时都大哭起来,有的甚至哭倒到床上。

面对这国破校亡的惨痛,我的心都要从腔子里跳出来了。

恍惚中听队长说:"总队部命令,学生暂时解散避祸,等待复学的消息,每人先发一个月饷。"

于是哭声渐止,每个学生都从队长手中领了钱。

九一八之夜,作为亲历者,这个细节值得记录。

我们的队长李芳春在十几分钟内就把全队教官、学生一个月的饷银都拿来了,这绝不是临时到总务课去现领的,而是早就准备好的。

学生队各队长没有财权,学生生活所需均由总务课直接办理,全校同学在一个大食堂吃饭,月底队长到总务课把包好的饷包领回来,发到每个人的手中,连他自己的在内,都当面点清饷包内的钱数。

9月18日,距月底还有12天,怎么就把饷包包好了呢?

而当时学监张学良、教育长王以哲、总队长汲绍纲都不在学生队,这是谁的决策,让学生领饷解散逃避?

当时日寇并没向我们学生队进攻,完全可以整队带枪撤走,反倒全体"临阵脱逃"。在事变前,东北所有的军事教育单位全部归并于讲武堂。唯学生队不归并,单独驻扎。事变时,讲武堂师生是带队带枪跟第7旅走的,我们学生队的教育长就是第7旅长王以哲,反而不与第7旅共同撤退?

我的个人推测是,张学良把学生队当人才加以保护,遇难时也不能让学生受损失,整队撤走,万一路上被日寇追上,就得不偿失了。所以这个"发饷解散"的决策,很可能是张、王、汲三位早就研究好的。那么这场"事变"也都在东北领导阶层的拟略中?

我换上了黄呢子军装(外出服,平时装是灰布服),提着学习过的心爱图书,糊里糊涂地走出宿舍,到自己学习过的教室贪恋地看了一遍又一遍,不知泪从何处来,眼睛什么也看不清楚,腿脚也都软了,

延伸阅读

日寇大约是早晨4点钟开始轰击兵工厂,学生队学生从梦中惊醒,各队队长在宿舍中向学生说明了事变性质。学生们当即要求持枪抵抗,这时一位队长来营房传达命令说:"荣代参谋长转达南京命令说,要枪给枪,要命给命,静待国联解决。"此时王以哲、汲绍纲都不在队中,队中教官按上峰命令,经过研究考虑,集合全体军官和学生,宣布暂时解散。然后张贴布告指示学生队学生:每名学生给两个月饷,脱下军装,换上便装,拿着行囊,离开营房,由队里派人送至沈阳城的小东门。学生们只得解散了,把枪整整齐齐地锁在枪架上,等待日军来点收。部分同学不忍坐视国破家亡,只身潜往北平去找张学良。

——《东北学生队概述》,高洋著,《"九一八"研究》,2014年,第263页

连走带爬地出了校门，头上嗖嗖响着炮弹声，是日寇在炮击我们兵工厂。

城里已起了几处火光，北大营方向不断传来枪炮声，我惦记着王以哲老师的生死。我们师生有着特殊的际遇，有一年暑假他亲自来教留校的同学"简易测绘"，亲自把着我的手教我描画地图。一个少年学生，能得到中将老师的如此关怀，岂能不受宠若惊呢？后来我制地图技艺的成就，与王老师的关爱是分不开的。

我心里想着很多事，走到一个小街的黑暗处站下了。往何处去呢？回家，投降日寇当国贼？我有很多便利条件。可一个几年受爱国主义教育的军校学生，怎能叛国投敌呢？何以对列祖列宗于地下呢？何以对祖国十几年的覆栽培育之恩呢？于是下决心入关，先往皇姑屯方向走，万一日寇没占领车站，就登车西去，车站被占了，就徒步西行，到北平去寻求抗战救亡的道路。

一边想，一边向西走，走到一座小角门楼里，背靠门板稍稍休息，忽然角门开了，我身体一下倒向角门里。

一位老大爷把我扶起来，说："鬼子兵已进城，你还穿黄呢军装！不是找死吗？"这时我才明白过来，说："对呀！怎么办？"于是老人去找了一套破旧的灰布棉工作服，一顶鸭舌帽，说："赶快换上。"我急忙换了装。老人说："你这身呢军装我给你埋起来，一星期内如平安了，你来取回，过期，我就把它烧了。"

我继续向前走，可是路全不对，走到天亮也没出东城根，只好找个百姓家藏起来了。

街上的情况都由一个10岁左右的男孩去侦察，我因而知道被俘的军人都被日寇拴到汽车后面拖死，其中也包括我的同学。日寇还检查每个青年的右手虎口，看有没有拿枪的痕迹，如有，即行杀害。

有些街道遭到寇兵的奸淫烧杀掠夺。

我白天没敢出来。

晚间我又找小道向皇姑屯方向移动，走着走着在转弯时遭遇了日寇巡逻队，一个中士带领十多名鬼子兵，见到我，他喊了一声"立正"。因为军人习惯听到这一口令就会立正站好的，如果我当时立正站好了，鬼子一刺刀就结果了我的生命。因为我白天知道了这一着，所以我只当没听见，仍旧慢慢地向旁边走。

鬼子中士上来踢了我一脚，我就趁势倒向墙根装熊。

接着来了个中尉，看看我说道："小偷的干活！"骂了中士一句"马鹿（baga）"，指挥他们继续向前巡逻。

原因是我患了十多天的疟疾，面色灰暗，肌肉松弛，再穿着破工作服，哪里像个军校学生，完全像个小毛贼。这就救了我的命。亏了他们不曾看我的右手虎口，一看，也就完蛋了。

巡逻队过去后，我又走了许久，望见了皇姑屯车站。

可路口上有铁条网和鬼子卡哨检查行人，有官吏、军人、大学生等迹象者，一刺刀杀了完事，卡子门旁已横陈两具尸体。我一看不好，乃慢慢转向小道，从居民的前门进去，后墙跳出，看到了火车上悬着

延伸阅读

事变的次日凌晨，在位于沈阳城郊的"国铁"奉天总站和皇姑屯车站附近的马路上出现了日军装甲车。随之，有臂戴白袖标、手持武器的日本人来到火车站，中国铁路警察将他们截住。这伙人是来劝降的，但被中国警察顶了回去。见软的不行，日本人就来硬的。皇姑屯警署的刘发成署长见状，当即鸣枪警告："如果谁敢上前一步，就地正法！"见中国警察早有防备，并已封锁了车站全部入口，使得日本人的第一次突袭没能得逞。

九一八事变发生时，皇姑屯车站正好停有三列计120余辆装有军事物资的货车，一旦发生意外，后果不堪设想。由于情况紧急，警察一边把守车站，看护列车，以防敌人突袭，另一方面与铁路员工紧急商议，尽量将这些列车多挂走一些。他们打破常规，分别采取客车挂货车，货车加挂货车等方式，尽力将军事物资转运至关内。但由于时间和运力所限，在日军占领车站时，还有相当多的军运物资没来得及运走，而落入了敌手。

九一八事变后，一些军政人员、学生与难民开始涌向奉天总站和皇姑屯车站，铁路警察保护这些人登车安全撤离，为今后的抗战运动保存了力量。

——《九一八事变中的辽沈铁路警察》，樊勇，《人民公安》，2005年第20期，第46—47页

英、美、法、苏四国旗帜,距火车百米外站着四国的哨兵,都荷枪实弹上着刺刀对着日寇卡哨,保护难民登上国联救难车。

我急忙跃进国联保护圈,哨兵指示我快上车时,车门上都挤满了人。

我拉着人家的手,挤了进去,从人身上连爬带走挤到车中央,踩着一位40多岁阔太太的大腿,才落到地板上。阔太太大骂起来,阔老爷过来就给我一记耳光,骂了声小流氓,又举手要打我。我还没反应过来是怎么回事呢,忽听一声怒吼说:"住手!我们东北学生队的学生会有下流行为吗?何况他一个十几岁的孩子,也会调戏比他妈还大的女人吗?你才脱离虎口就抖威风,无耻的是你!"

我一看,说话的是我们的助教郭宝华老师。

我们学生队在沈阳很有名,都知道是副司令的亲学生。郭老师这一亮牌子,阔老爷的威风立刻就没了,急忙脱帽点头说:"原来是学生队的学生,误会,误会。"这时我连忙向郭老师行礼,又对阔老爷说:"大叔大婶,咱们在逃难中,挤挤碰碰在所难免,你发火打了我一记耳光也在情理之中。"郭老师说:"既是误会就都算了!"然后我即向郭老师方向靠拢,与几个同学站到了一起。虽然只是一昼夜的失散离别,但这是不平凡的一昼夜,在车上相逢,此时彼此比家人父子兄弟都亲热。三年来的同学情、师生情,此刻又加上了患难之交,那情景是无法忘怀的。

车开了,一直到锦州才停下,下去了很多人,上来少数人,我们师生都有了座位。

车在锦州站停了几个小时才开,21日早6时许到达北平前门车站。我们两夜一天水米没入口,我又是久病初愈,已不能走动了,身体较好的同学连拉带抬把我弄下车。我倒在站台上,还有许多难民也倒在站台上,哀鸿满地,怒气冲天。

这国破家亡的惨景,我入土也不能遗忘。

国际红十字会的人送来开水,我喝了几口坐起来。郭老师自己投亲去了,我们共集合到12名同学,互相搀扶着走出站台,在站前一块水泥地坐下来。

我们口袋里都有钱，可站上没有卖食品的。有一位原籍北平的同学董鸿慈，他姑母就住在车站附近，于是他到姑母家提来一桶小米粥，同学们都吃饱了，议论该怎么办。董同学提议，先到达摩厂天春饭店住下再说。大家同意，就走向天春饭店。

虽然我们衣着破旧，但军校学生的英气依然。到了天春饭店，店主热情招待，开了个大房间，马上开饭，四个菜、一个汤、大馒头，我们饱餐一顿，倒到床上就睡了。晚饭仍和中午一样，次日早餐也很丰盛。饭后，店主很有礼貌地说："我知道你们是逃难的学生，三餐一宿的饭店钱我都奉送了，请同学们再到别的饭店去住住，我们大家分尽义务！"

我们说："大叔，你不必担心，我们不是一般学生，一分钱也不会亏了大叔。"店主半信半疑地退了出去。

于是同学们选我与另一同学为代表，往见张学良。那时他是陆海空军副总司令兼北平行营主任。我们到了行辕大门就一直往里走，卫兵来阻挡，我们一肚子闷气，开口就大声说："我们要见副司令！"同卫兵大吵大嚷起来。

这时副司令的随从副官长谭海出来了，我们认识他，就喊："谭副官长，我们是学生队学生！"谭海上校一看我们叫花子模样，立刻流下眼泪，拉着我们的手，说："孩子们快进来！"卫兵看到我们这些学生也都抹着眼泪。

我们到传达室坐下，谭海上校去报告副司令。有顷，他出来说："副司令听说了，又很难过。他这几天每天都哭几次，不用见了，见了又是一场哭，又有什么可说的呢，你们回天春饭店等着，我下午就去安置。"

下午，谭海上校来了，带了两车 50 套灰棉军装，先让我们 12 个人换上，又把店主找来了，谭上校指着我们说："这是副司令的亲学生，饭店钱都由副司令负责，他们来多少，你招待多少。你每天早晨煮一桶稀粥交给他们几人，到车站去接同学。"店主立即连连称是。

以后几天，我们都是提着小米粥到车站去接同学，还接了几位老师。十多天后，来了300多人，天春饭店住不下了，我们搬到了先农坛大殿里去住。枕砖头、睡谷草，吃"黄金塔"（苞米面窝窝头）、大咸菜。白天到大街上去讲演，宣传抗日救亡，嘴也讲破了，泪也流干了，可我们是无职无权又无钱的学生，又能起多大作用呢？

此时天已深秋，寒气逼人，夜间睡在秸（谷）草上，十分艰苦。

过了三天，我们第8队的同学汲惠普（汲绍纲总队长的长子）从旧货市场买了300床旧棉布、旧棉花做的被子，以同学的名义送给我们御寒，其实是总队长汲绍纲花钱买的，以汲普惠名义送的。因为上面还有学生队的学监张学良在北平，张学良没想到这一点，故汲总队长不好出面。

这时东北学生队单位已不存在，汲绍纲总队长调任张学良的卫队第2团团长。汲总队长在东北学生队没捞过学生一分钱，这回又花了很多钱救济学生，已属难能可贵了，我相信他任卫队2团团长也不会捞该团一分钱。

在先农坛住了半个月后，教育长王以哲将军带领沈阳北大营的第7旅官兵来到北平。次日，就赶到先农坛来看望我们同学，师生相见，又是大哭一场。

王将军穿了一身灰棉军装，满面风尘，他流泪安慰学生后，就像讲战例课似的，详细地讲了第7旅这次"退却战"的实情。我现在还准确地记得，他退却路线曾经过"灰山"，我后来也在伪满详图上找到了"灰山"。

我们在先农坛住了几个月，其间正赶上明星电影公司拍摄《啼笑因缘》，由"电影皇后"胡蝶演沈凤喜。我们学生有时在现场看他们排演，获得了不少电影方面的台前幕后知识。但大家都心不在焉，我们经千难万险逃来北平的学生都是要同日寇战斗到底的，哪有心思看热闹呢？

一次，我在先农坛的围墙上看到有人用石笔题了一首诗："一日离家一日深，真如孤雁宿寒林。虽然北平风光好，难免思乡一片心。"署名"流亡者"。这正是断肠人听断肠声，我一见不忘，记忆犹新。

在先农坛住到1932年春，王教育长把我们迁到清河大楼（清朝留下的营房，当时第7旅驻地，位于北平外西北方），给我们补习战术，由一位中校团附高福源（注：高福源，辽宁省大石桥市人，1936年秘密加入中国共产党，革命烈士。1935年，任67军107师619团团长时，与红军交战被俘。回到东北军后，积极宣传共产党的抗日主张，对张学良发动"西安事变"发挥了重要作用。西安事变和平解决后，被诱杀，时年36岁）为教官，讲得很好，学生们对这位老师印象都很深。

不久我们随第7旅开赴古北口，学生们都分到各连去见习。见习结束后，回到北平参加毕业考试，后由卫2团团长汲绍纲代管。

张学良把他的两个卫队团扩编为两个卫队旅，加编了4个团，以我们学生年满20岁以上者为排长，分别到外县去招兵。

不满20岁的学生仍留卫2团继续学习，但都扎武装带，准备随时调用。

这是南京城市区东北角，距南京城中央门约12公里许的"乌龙山中间部"。彼时其江北对岸有"望江亭"。彼时山顶有块平坦地，上有明朝留下的"乌龙庙"。郑成功曾以厦门为根据地，于明永历十三年（1659年）与张煌言会兵，溯江而上攻清朝，到达乌龙山，战败而退。从而"乌龙山"在历史地理上很有名。抗日战争时，中国中央政府于1937年中，在"乌龙庙"所在地安装了四门从德国买来的，彼时最先进的，8.8公分口径最大射程1万八百米，空、海、陆三用的"要塞炮"。因其主性能为防空，故称甲种高射炮第一台，简称"甲一台"。而有炮无人！1937年8月12早，我们南京炮兵学校要塞科干部训练班奉命编成二台战斗部队，即甲一台、甲二台。立即开往江阴要塞甲三台、甲四台阵地，封守江阴长江封锁线。我从课堂上抽出，编入甲一台任上尉台附。我们到江阴，立即进入阵地，于13、14、15三日痛歼日寇的海空军打了一场现代化的大战。我们借天、地、祖宗之灵将日寇打败。这是我生平首次正规战，以胜利结束。17日我们就赶到乌龙山甲一台是我们建制的本台。我们甲一台东500米许还有个清朝留下的老炮台、称"龙台"，老炮、老官、老兵。此外山上无居民。现在我们甲一台放弃以来，都成了居民区。看照片：

江山依旧，景物全新！抚今追昔，老泪沾襟。
多少英雄血，保卫祖业存，儿孙当警惕，祸患没除根。
和平谈何易，国防须认真，科学迎头赶，落后就沉沦。

乌龙山抗日战迹照片前言

昔日，乌龙山甲一台台附 瀛云萍 记
2006.2.21

2006年，瀛云萍在《江宁要塞甲一台乌龙山战迹重访照片纪念册》中所写前言

第五章　从黄埔军校到要塞炮干训班

1932年末，张学良扩编卫队旅的事，蒋介石知道后非常震怒，派黄埔军校上校教官一员，率中校、少校及上尉10余人到北平宣布命令：撤销新编两旅，把原东北学生队全体学员交给黄埔军校深造。

张学良不敢抗命，立即撤去两旅编制，撤回派往各地招兵的人员，把我们300多名学生集合起来，宣布委员长命令，交给黄埔派来的教官们带走。

但张学良很舍不得这些学生离他而去，就在暗中传话，不愿去的学生可自动留下。于是有一百多名学生夜里跳下火车逃回去了，这些人后来都成为东北军中的干部，以后随东北军的命运沉浮不定，很多人牺牲在抗日的战场上。

当时我认为"良禽择木而栖，贤臣择主而事"，抗战的前提，必须祖国统一。张氏父子虽是培养教育我的恩人，但他们毕竟属于军阀范畴。历史的潮流，军阀割据的局面必须结束，否则中华民族必不能生存，因此我坚定信心南下去读军校，投入抗日的大业。我认为与张家是个人恩情，归顺南京则是大义，所以虽有几名同学劝我跳车，我一直端坐不动。

当火车开动南下时，我眼望着北平古城，心怀张氏恩德，泪流满面，跪在车内向北三叩首，谢别张氏六年多的培育大恩，并立下誓言，得第时，必有所报。

带队的上校教官不明其意，问我怎么回事。我跟他实话实说。上校教官说："你决心南下入黄埔，说明你有智；满面泪流跪辞故主，说明你有义,这都是中国知识分子的美德。"

我当时的心情非常复杂。

1933年,我就这样投入黄埔,决心驱逐日寇、收复失地,完成祖国的统一大业。

到南京后,又乘小火车往军校。沿途看到很多贫民的房舍和穿戴,比沈阳差很多,心中渐冷下来,这样可怜的景象,能负起抗战的大业吗?

之前在北京接我们南下的那位上校曾说:"你们到校后,补上一段时间的政治课,就加入9期,还有一年毕业。"

可到了黄埔军校后,首先打击我们的是,他的话一句也没兑现,非但没上政治课,反把我们看管起来,行动不得自由,要等几个月考黄埔第10期。这就是让我们和新招的高中毕业生一起考试,只考高中学业课程,对我们已有的兵学知识完全无视,过去数年的学习到这儿一文不值。

黄埔军校生以10期的文化水平为最高,不但全是高中毕业生,还有不少大学在读生报考,是黄

延伸阅读

第2期学生队原本720名学生,最终到北平的总共只有230多人。张学良尤以心腹相待,增加战术战略的训练,后分为两部到王以哲和汲绍纲的队伍中去见习。张学良本打算用这部分学生为初级干部成立两个卫队旅,但蒋介石也早在东北易帜之初就开始关注这支东北学生队。此时国民政府正在创建"中央航空学校",准备组建空军,需要具备近代军事知识的年轻学生,便以南京命令,调这部分学生到南京军校受训。张学良虽然不敢违抗南京命令,但暗中通知学生去留均可。然而这些受过系统近代科学教育的学生此时的思想境界早已同旧时代军人不同,大多数学生认为"非统一无以言抗战,不抗战不足以谈生存",军阀混战的时局应当结束了,我们留在张部,实是给统一局面再增加阻碍,张氏虽亲,终属于军阀范畴,蒋氏虽疏,但他是南京政府,为了中华民族的生存,为了抗日的前途,顾不得师生、同乡的关系了。于是大部分学生愿往南京。一部分送入"中央航空学校"第二期第一班受训,这批学生在抗日战争期间,成为出色的空军驾驶员,有的为国牺牲,续写了东北学生队新的传奇;一部分送入南京"中央陆军军官学校"第十期和青岛海军军官学校,为中国陆军和海军的近代化做出了重要贡献。至此,东北学生队教育完全结束。

——《东北学生队概述》,高洋著,《"九一八"研究》,2014年,第264页

埔军校前所未有的。考试结果发布，文化水平高的学生都被录取到第一总队。我也被录取到第一总队，三年毕业。被录取到第二总队的要再补习一年普通学，四年毕业。没考取的，自行回家。

对这件事我一直心中不服，我想，黄埔6期以前的学制大多不到一年，甚至只有几个月的兵学水平，有的都当上了少将。我有五年多的兵学知识，还得重读相当于新兵教育的入伍生，学习的内容都是我已经学过两次的。

第10期开学后，队上官长给我们讲典范令。

我已学习了五年典范令，就钻他们讲解的空子，一问一个蒙。队长就找我谈话说："我知道你们已学了五年军事学，但你们的学校都是在南京无案的黑校，不能算数。"我说："抛开现有的从属关系，只谈兵学，如果说我过去学习的学校是不合法的，可学到我身上的学问是真的，打开书本一看，是非不就明白了吗？我的军事知识既然已超过入伍生，把我转到9期直接学高级兵学不就行了吗！"

他说："那绝对不行，军校从无此例！"

我说："一寸光阴一寸金，寸金难买寸光阴，我不能在此浪费光阴，分道扬镳吧！"

他说："也只好这样吧！"

于是我就离开了军校，同时离开的有百余人，有我们学生队来的四个人。

总队长陈联璧（注：陈联璧，江苏省南京市江宁区人，保定陆军军官军校毕业，后升任复员委员会第六点检处中将处长）少将一身十足的旧军阀气味，根本不是新知识分子思想中的革命军官，对学生施行野蛮教育，耳光、板子、军棍（他用扁担）是他对学生的教育工具，把学生视同囚犯，根本不像革命的师生关系。

带队军官的兵学水平只有几个月，文化水平多是初中程度或初通文字者。第8期毕业生不在此列，但他们只能当班长，政治水平也有限。对东北籍的学生常骂"亡省奴",对东北学生队同学又加上"军阀余孽""不抵抗将军的属下"。而有些教官的兵学水平甚至不及我们的五分之一,大家能服气吗?所以出现了一百多人退学的事件。

陈联璧是半夜放我们出校门的,因为担心被人传播,美其名曰"开除"学生。一次性开除一二百学生,二总队就没有,其他各期也没有过。

我从黄埔10期一总队退学,只恨那个并无真才实学、满身军阀恶习的总队长陈联璧,对国民政府并没失去信心,所以离开黄埔校门,但并没离开南京。

当时南京有文武官员考试制度。我与老同学王熙清、佟长连和胡品共四人离开黄埔军校后,在旅社里住了六七天,正赶上南京陆军步兵学校(注:南京陆军步兵学校,1930年设立,学员对象为军校毕业、在部队服役两年的现职军官。学校又先后成立校官研究班、射击训练班、重机枪训练班、战车炮军官训练班、迫击炮训练班、游动教育班、军事军官训练班、技术训练班和机关炮军官训练班,修业期限、办学期数不等)招教师。

南京陆军步兵学校是比黄埔军校高一级的专科学校,黄埔军校毕业后,在部队任职两年后才能再考入步兵学校当学员。

我们四个人就商量,咱们是东北"黑学校"毕业的,有学力无学历,东北军校只有讲武堂是合法的,咱们就报讲武堂毕业,文凭在逃难的时候丢了,反正以考论高低,考不上,大学毕业也没用。

步校很讲理,我们都报上了名,报考者30多名,我和佟长连、胡品三人考上了,王熙清没考上,后来到东北大学上学去了。

步校的主考官是李宝莲中校,日本留学回来的,东北人。因为我们三人都是东北人,李中校恐担嫌疑,就请三位监考官共同阅卷、共同签名,交给教育长王俊(注:王俊,海南省澄迈县人,民国著名军事教育家,黄埔军校第1期教官,南京陆军步兵学校首任校长,后因蒋介石兼任该校校长,他改任教育长,步兵兵科专门教育的奠基者。1949年去台湾，1976年过世，终年83岁）中将。

王俊是日本陆军大学毕业，海南岛人，普通话较差，为人公平正直，很重视人才。接到考试结果后，他看了看试卷说："李教官，你看到被录取的三员都是东北人，就为难了，让各位考官都签名，其实不必。在大操场上，光天化日之下能有弊吗？把录取的三员新官都领来给我看看。"这是李宝莲中校后来对我们闲谈时说的。

我们三人来到教育长办公室后，脱帽行了室内的敬礼，齐整地站立在教育长面前五步外。教育长满面笑容说："这样标致的三位青年，明天就来报到上班，都是少尉待遇。"

能够考进步校当助教，证实了我们兵学水平的真实高度。

次日早8时，我们一起到教育长办公室报到，立即接校令、委任状、校徽、少尉领章，委我与胡品为机关炮班少尉观测助教，佟长连为练习队第一连少尉连附。我们就到各自部门去报到上班。

步兵学校机关炮班主任为张权（注：张权，河北省武强县人，革命烈士。参加过北伐战争，曾任南京步校教育处长、陆军战车防御炮教导总队中将总队长。中国机械化部队的创始人之一。抗战期间和中国共产党建立联系，解放战争时期，任国民党军后勤总部中将视察员，将国民政府长江防线布防情况秘交解放军。上海解放前夕，因策动国民党军队起义被捕，就义6天后上海解放，时年50岁）少将。保定军校8期、日本陆军士官学校毕业，负责训练陆空两用的机关炮部队。当时用的是从德国买来的20毫米口径的苏罗通机关炮，对空可打飞机，对陆可打战车、装甲车，对水面可打小型兵舰。这个小炮真管用，当时中国准备大批购买。

一位会用步兵炮的王连长，负责训练机关炮连。

由德国顾问负责教学，我们两个小助教首先学习熟练掌握，来学习的教官都是30多岁的校官，顾问讲完课，就指挥我们操作给教官们看。跟德国兵学顾问学习，我们的兵学水平大大提高。

除了机关炮连，还从部队调来连级军官组成机关炮训练班，学习六个月毕业。

上课前，我们两个助教要到库房去把观测器材扛到教室来，下课后再把器材收拾好送回仓库去，从早忙到晚。我比胡品大哥小三岁，顾问多指使我，但半年后，胡大哥还是累倒病故了，教育长王俊、我们机炮班的主任李宝莲教官都很惋惜。

在步兵学校里还有一位我们东北学生队的同学，叫舒玉瓒（注：舒玉瓒，辽宁省沈阳市人，抗战期间任成都"中央军校"上校战术教官，军令部少将教官，解放战争时任东北"剿匪"总部松北绥靖司令部少将参议，1948年在沈阳投诚。后任沈阳市政协委员，沈阳市政府参事室副主任。2006年过世，终年94岁），是东北学生队第6队的。九一八事变后他去了山西傅作义部，毕业于山西的军官教育班，当了排长，是我们同学中最早同日寇实战之人，后在李宝莲的引荐下，到步校练习队第一连当了中尉连附。我们到步校报考，都是他在奔走帮忙。

当时报考的四名同学中，其他三人都是东北学生队6队的高级班同学，只有我是8队初级班的。因我领头伙食改革，全总队学生都认识我。

到步校后，我就称舒玉瓒为舒二哥，他的大哥舒玉璋（注：舒玉璋，辽宁省沈阳市人，日本京都陆军士官学校毕业，在日期间加入中国共产党，曾任红四方面军总指挥部参谋主任，协助总指挥徐向前工作。1933年，被张国焘等人以"托派""反革命分子"等罪名杀害，时年25岁）是红军将领，同李宝莲是日本陆军士官学校的同学、好友，因此舒二哥私下里只称李教官为李兄，李宝莲也把我们考入步校的三个人当小弟弟看待。

我们同红军的这些瓜葛，其他人始终不知道。

胡品大哥过世，舒二哥、佟长连大哥和我为他送别，五年多共患难同学的死别，实在令人痛心，我们都泪流满面。李教官也到场挥泪送别，九一八事变后东北人在内地相遇，不管认识不认识，互相都当一家人看待。

舒二哥大我三岁，后来做到少将，辽沈战役期间投诚，在沈阳市政府参事室副主任职位上退休，我们一直通信往来。

胡大哥死后，两个助教的工作量落到我一个人身上，担子太重了，我就有点吃不消。

这时是1934年，我20岁。

年底，军校成立化学兵科，因国际法规定不准使用化学武器，所以对外称军政部学兵队。

学兵队要招区队长，考上后按实际水平给上、中、少尉的待遇。

我听到消息时距考期还有十多天时间，就到图书馆借来有关化学兵器的书籍读了几天，觉得有可能考上，就去报了名，决定给中、上尉待遇就去，给少尉就不去。

我就是在这时改名叫瀛云萍，意思是东瀛日本让我像漂萍一样漂泊。

这时，正赶上原东北学生队教育长王以哲升任67军长，从西安来南京觐见蒋介石，他的随从参谋是我们学生队前期同学。我就到他们住的中央饭店去见老师，拿着写好的东北讲武堂毕业证于九一八事变中遗失的证明，打算请老师盖章证明。

王以哲虽然是中将高官，但还认识我这个学生。一则我是杨宇霆的内亲，二则我在学生队闹过伙食革命，三则杨宇霆死后的一年暑假，他亲自到学校为留校同学加上简易测绘课，我第一个把测成地图交卷。恰好张学良到场视察，见我第一个向老师交卷，又是最年轻的学生。他一看我名字，就想起我与杨家的关系，摸着我的头顶说："好好学习，将来当个好教官。"

听到张学良的话，我心里明白，将来我在东北军里是不会得到兵权的，教官的军衔只能升到上校。但我对此已经很满足，认为"东北王"封了我，这一生既不会大贵，也不会贫困，军事学术海阔天空，又何必限于当带兵军官呢？所以对张学良的话并没寒心，但王以哲对我的印象更深了。

这次在南京相见，彼此都经历过了许多艰难，师生情谊自然加深一层。

他见我已经在南京的军校做少尉教官，心中更加五味杂陈，看我拿出求他盖章的假证书，佯怒说："你这个小调皮鬼，现在也不改，还让我给你作假！"

我说："这都是老师您的错误造成的！当年咱们东北易帜后，黄埔军校派人到咱们学校同您商谈两校合并的事，您只给人家带走一个徐光汉同学了事。现在徐光汉已黄埔8期毕业，当了中尉，一生有保障了。如果那时您答应合并，今天不全都8期毕业了吗？当时不合并也可以，也应当要个番号，正式备案，称为沈阳军校，不就合法了吗？南京还会发给经费的。假如有番号，今天咱们老巢虽然被日寇端了，可我们的文凭还是合法的。当初放着这条光明大道不走，今天我们成了丧家犬、亡省的流浪者，您发给我们的文凭没人看。我们三人凭实力考上了'中央军'正规军官，这十足说明您的学生兵学水平是合格的，可是却有实无名，这公平吗？"

王以哲听了我这番话，说："由今天看，当时我是失策，可谁能想到几年后的情况呢？"然后对他的参谋说："给他盖个章吧！"又回头对我说："现在就在这干吧，万一东北军有复兴之日，你再回去。"我心里想："东北的江山有可能恢复，但东北军的复兴实是梦想。"我拿了证明就行礼告别了。

赶到军政部学兵队时，已是招考报名的最后一天，我用瀛云萍的名字报了名，报名的人有十多名。第二天考试，过了一天去问结果，一共录取了三人，我考了第一名。另外两人原来都当过上尉，现在失业了，我们都被任命为中尉区队长。

于是我给步校机炮班的张权主任写了个便条："主任，工作担子太重，力不从心，再见！"就走了。

我到了军政部学兵队，被分到第 2 中队任职。这时是 1935 年初，学兵队已经办到第 3 期，驻在南京通济门外的"通光营房"，是清代留下来的老营房。

中国开始培养训练化学兵，我是亲历者，我尽赶上这些事。

学兵队的上校大队长李忍涛（注：李忍涛，云南省鹤庆县人，中国化学兵创始人。1923 年考入清华大学，1926 年考入美国弗吉尼亚军事学院。曾任军政部防化学兵总队总队长兼军政部防毒处处长。1944 年赴中国远征军兰姆迦基地考察，回国途经驼峰航线时，所乘飞机被日机偷袭击落牺牲，时年 40 岁。1946 年，国民政府追赠李忍涛为陆军中将。2020 年 9 月 2 日，入选民政部第三批《著名抗日英烈和英雄群体名录》），是德国留学又留美的，在国外学习了五年。回国后投奔兵工署长俞大维（注：俞大维，浙江省绍兴市人，先后就读于复旦大学、圣约翰大学，哈佛大学数理逻辑博士。回国后出任国民党政府兵工署署长，陆军中将，领导兵工生产研发，被称为"兵工之父"。1949 年去台湾，1993 年过世，享年 96 岁）中将，负责编练化学兵部队。首批招收了 90 名学兵，编成一个队，李忍涛任少校队长。但李忍涛并未在德国的军事学校学过，只是在德国普通大学里受过军训，德国大学生的课程里都有军事课。

学兵队的全部学兵都是蓝衣社员，学兵队中经常喊"希特勒万岁"，德国是日寇的亲密伙伴，我听了很反感。

队里的正面军官只是给外人看的，什么实权也没有，蓝衣社在学兵队里另有一套组织指挥系统，大队勤务长雒景陶才是实际指挥全大队学兵的首领。

大队勤务是大队勤务长的办公人员，也是学兵队第 1 期

延伸阅读

为应对来自日军的化学战威胁，1933 年 2 月 8 日，经蒋介石批准，国民党军在南京中华门西花露岗"妙悟律院"创建了中国第一支化学兵部队。当时为对外保密，国民党军将"化"字去掉，对外称其为军政部学兵队，由军政部兵工署直接领导，由此揭开了国民党军化学兵发展的序幕。

——《败退台湾前国民党军化学兵的体制编制》，王良勇、李晓明、宋剑波，《军事历史》，2011 年第 6 期，第 65 页

毕业学兵。各中队有中队勤务长、区队勤务长，都有副手，都由在学的第2期学兵担任，直接对大队勤务长负责。他们接受大队勤务长命令，把全队学兵带出去执行任务时，只需对学兵队的正面军官说一声"我们有任务，走了"，我们答一声"知道了"，二话没有。

学兵第3期在队时，我们去给他们讲授军事课，实际上是个摆设、样子。

我在学兵队干了一年，经常听大队长李忍涛骂张学良是"不抵抗将军"！我是张学良的学生，听到有人骂张学良，就如芒在背，终日伤感。同时已认识到，没有国民政府军事学校的毕业文凭终究还是没有出路。

这时我听说邹作华（注：邹作华，吉林省永吉县人，保定陆军军官学校、日本陆军士官学校炮兵科毕业。曾任东北边防军炮兵训练总监，陆军炮兵学校校长，淞沪会战时任全国炮兵总指挥。抗战胜利后，晋陆军二级上将，解放战争时任国民政府战略顾问委员会委员。1949年赴台，任台湾地区领导人办公室"政策顾问"，1973年过世，终年79岁）将军到南京炮兵学校当教育长了。邹作华原是东北军上将炮兵总司令，东北军的强大炮兵部队，都是他一手创建起来的。

军阀混战时期，各地的军阀土皇帝都自立了很多上将、中将，少将就更多了，民谣有"将官满街走，校官不如狗，尉官三只手"的唱词，军官被人轻视到不堪设想的程度。

蒋介石基本统一残缺的中国后，军事委员会做统计，全国有上将200多名。一个国家上将有多少，国际有规定，这么些上将南京消化不了，就通电全国，除了南京任命的上将之外，将官各自酌量降几级，报给南京，由南京批准施行。于是各将校纷纷上报，有的降一级有的降两级，像马步芳那样的无耻之徒，一级也不想降。

而邹作华上将立即响应号召，请降三级为上校，这时东北已经失掉了，他名义还是东北炮兵总司令。他是日本士官学校炮兵科毕业，1924年就是少将了，做过东北炮兵军的军长，东北军的炮兵是中国炮兵唯一成军的，有6个炮兵旅。

蒋介石一看很高兴，回电批准他降为少将，并请到南京接见。

邹作华立即戴上少将衔见蒋介石，蒋介石当场请他留下任南京炮兵学校校长，并亲自送他到炮校就职。后来蒋介石自己亲任各军事学校校长，邹作华改任教育长。

在就职典礼上，蒋介石对全校师生说："同学们，我给你们请来了中国的炮兵圣人当校长，同学们幸甚，祖国幸甚，国家的炮兵开始兴盛了。"给了他很高的荣誉。

要不是在关键时期有所建树，一般的中、少将历史上不会留下姓名。

我得到这个消息后，很快找到他住的公馆，投刺拜见。门房看我是一个中尉小官，不给传达。我说："我们有亲情关系，论什么官大小呢？"门房一听我的口音与邹教育长相同，就相信了我的话，给转达了。

邹教育长让我进去，那年他已经40多岁了，见面后问我："咱们是啥亲呀？"我说："是乡亲，您是我的老乡长，对吧？"他笑着说："对，对，你见我想要啥？要官吗？你这么小年纪当了中尉，应知足了。要钱吗？你月饷60块大洋也不少，你要啥呢？"

我说："老乡长，咱们省破家亡，流浪中原，像我这样还算幸运的。我来见你老人家，一则你是东北名人，时在念中，今大难之后，同到南京，自然应当来看看。二则我虽然混了个中尉官职，但其中隐情复杂。咱们东北所有军事学校，只有讲武堂南京有案，是公开合法的军官学校，其余都是南京无案的'黑'学校，你们给的文凭在东北以外无人理睬。我在南京步兵学校当少尉助教，到学兵队当中尉区队长，都是假报讲武堂毕业，凭考试前列得到的。报考学兵队区队长，是我们的教育长王以哲军长出的'讲武堂证书九一八事变中遗失'证明，报上名的，也是凭实力考取上了。"

我于是把证明给邹老看了，接着说："您老只看我的相貌就明白，我今年才满21岁，事变时才17岁，能是讲武堂毕业吗？虽然是凭考当的官,但假证明终究会暴露的。现在您老来办学,我想登着这个中尉区队长的台阶,报考您的学校,求个正规的又是专科军校的出身就可安心工作了。"

邹老说:"这有何难!你拿着学兵队的介绍信来报名考试就是了,凭你两考两胜的才能一定能考取的。"

我说:"考不上的,我是模范队结业转入东北学生队,又到北平学习一年,总共是实学六年的毕业生,所以同那些几个月,最多三年的毕业生一起考,凭借多出来三年的实际学历,当然百考百胜。但我没学过炮科,一考炮操,不就败了嘛,因此为难。"

邹老说:"你先报上名,考的时候再说。"

于是,我回学兵队拿了介绍信,到南京炮兵学校第4期报名处报了名。邹教育长察阅报名卷宗时,在我的介绍信上批示"该员为化学兵科军官,免考炮操"。

不考炮操,当然我就考上了。

于是在1935年末,我考进南京炮兵学校普通科第4期学习,这是炮兵学本科,学期一年。

在邹老师的爱护下,我顺利读完了第4期普通科学员队。

邹作华虽然戴少将领章,全国还是以上将对待。

郭松龄反奉时,他是东北军炮兵第一旅旅长。郭松龄知道他是张学良的人,对他不放心,就把他调任军参谋长,把他的兵权撤了。

可是他在炮兵里说话还算数,就告诉下面的人,把炮弹引信都卸下来。等军部下令炮兵射击时,打出去的炮弹都不炸。郭松龄发现了就问他:"咱们的炮弹怎么都不炸呢?"他说:"当地的土太松软,炮弹一下子钻进地里炸不出来了。"郭松龄不是炮兵专科,被他唬住了。

当时很多底下的将领都跑了,有的夜里跑到张学良的司令部,进屋就给张学良跪下了,说:"我们有罪。"张学良说:"你们有什么罪?你们的官都是我委任的,你在他的指挥下,敢表态吗?所以你们过来就是好事,都保持原来的职务,以后咱们再看。"

他们马上就跟其他一些友好说:"赶快过来,少帅不计较。"这一下子人就跑光了。

当时张学良就是在沈阳凑了一些学生去抵抗,没有兵了。这时黑龙江的一个骑兵旅赶到了,一看人都跑没了,连给郭松龄开车的司机都跑了。

郭松龄是陆军大学毕业,但是懂军事不懂社会,你不是人家东北军的班底。东北军的班底是八角台那帮土匪起来的,上将级都是那些土匪,下边这些人都是张家父子一手培植起来的,你拿张家的子弟来打张家,怎么打得了呢?即使是你自己拉起来培养的,那几个军也不是东北军的对手。

郭松龄是同盟会的会员,张学良那么信任他,可是不知道他是同盟会会员。

邹老师有一匹好马,是一匹枣红马。这匹马在战场上救过他的性命,当时他被打落马了,这马叼着他的武装带,跑到后方5里地才放下来。他过去当过新安屯垦区的督办,屯垦区有养马场,马大概是在那里选的。

这匹马邹老师从东北一直带到南京,后来老死了,马的寿命30年,这匹马跟了他20多年。他亲批了义马冢,逢年过节还去烧纸,这个人最重感情。我看见他的义马冢了,就埋在汤山炮兵学校后边。

以后他就不再骑马了,都是坐车。汤山炮校在城里兵家桥那条街。

1936年12月1日,邹老师安排我转入要塞科干部训练班第1期继续学习,规定仍是一年毕业。

到这个班不仅提高了学习水平,薪饷也由炮校发给,我仍是中尉待遇。我只有在这个班毕业,才能取得国民政府军事学校毕业生的资格,才会在"中央军"里站住脚,这都是邹教育长对我的精心培养,老人家是我的恩师、恩人。

南京炮兵学校要塞科干部训练班主任是周宏沼上校,他是从美国海岸炮兵学校校官班毕业；班附是伍奎中校和郑崎少校，伍奎是黄埔军校第 6 期炮科毕业，郑崎是黄埔军校第 7 期炮科、南京炮兵学校第 1 期毕业。

要塞科干训班分为军官、军士、学兵三级班。

军官班的学员称练习员，招的都是炮校毕业的学员，有炮校探照灯班毕业的 5 人、军械班毕业的 5 人，学习期间都是少尉待遇。

军士班招的是高中毕业生，学兵班招的是初中毕业生。

这些班都是自愿报名。这也是抗战期间，文化水平最高的新军队，一年毕业，给予的待遇很高。

我们这批要塞科干训班学员是专门学习八八炮的运用和操作。

当时中国的海、陆、空三军，只有陆军可同日寇打，海、空军根本不行。虽然沿海、沿江自清朝就设有要塞，但直到九一八事变后，要塞上还都是清朝留下来的胡子官、胡子兵和旧式炮，无论在科技上、思想上，都不能承担抗日任务，弃之可惜，留之无用。

可是日本海军一旦冲进长江，沿江而上，则中国腹地就难保了。

因此，九一八事变后，中国用江西的特产钨砂和德国换来了八八要塞炮。钨砂是制精密炮管的必需材料。这种炮是当时最先进的长管加农炮，半自动化，把炮弹往里一推，它就自己关上了，不需要用人送进炮去。88 毫米口径，是平射炮，射程 10800 米，陆海空三用。

总共只换来 21 门，一门在炮校做教学用，其余 20 门分为 5 个台，每台 4 门，分别安装在沿江各要塞。安装在南京 8 门，分别是甲一台和甲二台；安装在江阴 8 门，分别是甲三台和甲四台；安装在武昌 4 门，也就是甲五台。

可是有炮无人，为了操作使用这种新武器，国民政府专门成立了要塞科干部训练班。

干训班的官、士、兵三级学习人数，就是按这 5 座八八炮台所需官兵额数招收的，是专为建设沿江要塞而设的。学习课目由专门的教师负责，只是三级班学习的内容各自不同。

德国的军火商做买卖，政府不能干涉，他就愿意卖给中国，但是不卖给日本，因为卖给中国，中国不能仿造，卖给日本，马上就能仿造，这个炮就没有销路了。

德国免费派顾问来，住在学校里，教中国人怎么安装、怎么用这炮。在教室上课画图纸给我们讲炮和阵地的应用原理。学校里还修了一个炮台，我们出操时就是去操作这个炮，大伙轮流当第一炮手、第二炮手，学机械操作，它的遥控设备很精确。

我们于1936年12月1日开课。

1937年4月12日，我们乘船到江阴县城训练了两个多月。

在江阴时，周宏沼主任请我们军官班全体练习员吃了一顿鲥鱼。

鲥鱼体长可达70厘米，生活在海中，春夏之交从长江口溯江而上，在江阴一带繁殖，这时的鱼最肥美，鱼鳞很大，鳞下多是美味脂肪，是名贵的鱼类。

到深秋时，成年鲥鱼将幼鱼留在江阴生长，再群体顺江而下，回到海中过冬。

江阴自古传下来的风俗是，鲥鱼汛开始后，第一个捞得大鲥鱼的渔民，就将这条大鱼奉献给当时在江阴的最高级官员。该官员会赏给渔民很多钱，但并不留下这条大鱼，只买些其余的鲥鱼。渔民再将这条鱼奉献给第二官员，第二官员仍与第一官员一样赏给他一些钱，但会比第一官员给得少些，也买一些其余的鲥鱼。渔民逐次将这条大鱼献给其他次高级官员，直到最后管理渔政的官员留下这条大鱼而不再给赏钱，白吃了事，但这个渔民已发了大财。

所以，江阴每年固定的鲥鱼汛，都会有一户渔民发财，这是江阴的盛事之一。凡旅行路过江阴者，都以赶上鲥鱼汛吃到鲥鱼为快事。

我们干训班到江阴时，正赶上鲥鱼汛，又是坐船去的，所以亲眼看到了渔民捕捞鲥鱼的情景。

当时江阴第一高级机关首长是要塞司令许康（注：许康，浙江省台州市黄岩区人，曾任黄埔军校中校炮兵教官，江阴要塞沦陷后，被任命为第三战区司令长官部中将高参，不久回乡定居。1956年过世，终年61岁）少将，第二高级机关首长即我们的班主任周宏沼上校，第三位是江阴县长……我们的周主任接到渔民献鱼后，赏了渔民，买了五十斤鲥鱼，赏给我们全体练习员尝新。

吃鲥鱼要带鳞蒸着熟吃，一片片揭鳞品滋味。无意中赶上在江阴鲥鱼汛时吃鲥鱼，也是人生中的一件趣事。

不久周宏沼主任调走了，由上校教官刘文藻来当要塞科干部训练班主任。刘文藻是保定军校9期炮科毕业，还是德国海岸要塞炮校毕业，但他的水平比周宏沼主任差多了，财物上又不干净，干了不到一个月就被教育长邹作华给撤职了。

在江阴期间，我被放到学兵连当了连附，连长是练习员上尉张照林。安排我当一段连附是很有必要的锻炼，因为我在学兵队当区队长，是个牌位，根本管不了实际上属于蓝衣社的学兵。

全体学员回到汤山炮校后，我们都回到原班级学习。

| 1937.8.13—— | 有确切情报，日寇将于1937年8月13日以海空军打通我"江阴封
| 到抗战第一线 | 锁线"，以便从后路包围我上海野战军。原来我们怕日海军冲入
| 参加江阴要塞战 | 长江，我方海军不能抗，乃将军舰上的大炮拆下来安在沿江
| | 炮台上，把舰体用铁链连起来横到江阴要塞东了江面上，
| | 用江阴要塞的炮火掩护着，舰前后又设上水雷，形成一条
| | "封锁线"以挡日寇海军。这一手真起了点作用，所以日
| | 寇在没攻下上海前，要先打开江阴封锁线。这时我们安装在
| | 江阴的两台最先进的"陆海空三用八八速射炮"无人会用。用炮
| | 的人就是我们正在炮校学习的要塞科干部训练班的官、士、
| | 兵。可我们尚未学成，仗又非打不行，苦难的中华民族哇，我们
| | 只能不成熟的武艺，同世界上第一流军国主义者去硬拼了！

8月12日上午9时，学校领导到教室里点名抽出学习成绩最佳
的12名学员（我在其中）收拾简单行装到操场集合，（什么私人
用用都扔了）到操场连同学兵班、学兵班的同学们，编了两个
战斗"炮台"。我是"甲一台"的上尉台附（我原是中尉学员）李诚中少
校为台长（原炮校少校教官）生兵120名，另外又编了个"甲二台"。

原来从德国买来20门八八炮，分为五个台（每台4门）分别安装在
南京二台，称甲一台，甲二台；安装在江阴的二台，称甲三台，甲四台；安
装在武汉一台，称甲五台，都是有炮无人。

在操场编成的我们"甲一台"、"甲二台"是南京的番号，暂
借到江阴去应战。在操场编成两台后，官兵都互相自我介绍，
胸前都挂上名章，上前线去殊死战嘛！马上都结成比亲兄弟

瀛云萍手稿
（参加江阴要塞战）

第六章　烽火恋人的爱情离合

杨秋馨，是我表姑母的三女儿，比我小四岁。

表姑母连生四个女儿，大表姐叫长龄；二表姐叫领小，领个弟弟来的意思；三表妹叫小改，不希望再生女孩；四表妹叫急改；到第五胎生了双胞胎男孩。

表姑父杨宇霁，是杨宇霆的胞弟，排行老八，人称杨八爷，我表姑被称作杨八太太。

表姑父借哥哥杨宇霆的光，先后任铁岭（奉天省）、绥棱（吉林省，现归黑龙江省）等地县长。在铁岭城广裕大街建有府第，人称杨公馆，府中修有花园。

当时我在铁岭沙子沟第四小学读书，住在我二舅舅家。二舅舅任过铁岭第二工科职业学校、第四小学校长，县图书馆馆长等职。

每当假日或课余时间，我常到表姑家玩。表姑很喜欢我，特别是三表妹秋馨（小改）和我相处得最好。杨家小姐都各有闺房，我到杨府，总是在三妹闺房里两个人玩。她11岁时，有一次跟我说："哥哥，你长大后当了老爷，我就给你当太太好吗？"我说："此话当真？"她说："咱们拉钩吧，一百年不许变。"

哪知一句童言竟彻底改变了我俩一生的命运。

九一八事变，我逃亡入关，彼此失去联系。

1934年初，我考上步兵学校当少尉助教后，才同秋馨取得联系，经常书信往来。她给我的信都是汉语、满语、日语混合使用，在我的忠告下，她全改用了汉语。

1937年初，我在南京炮校要塞科干部训练班学习，得知秋馨由于长期思念我，以致一病不起。我姑母请中医大夫望诊，大夫说："小姐得的是相思病，不要乱吃药，见到心上人就好了。"

姑母知道我们常有书信往来，就对秋馨说："妈妈知道你和表哥的关系。妈明白，这也是为咱家留了一条后路，一旦中国胜利了，你表哥幸未死，也应是不小的官，你是官太太，咱家自然会得到些祖护。去南京和你表哥团圆吧，对外说在老家就成亲了。"姑母又说："你这次去南京要绝对保密，如被日本人知道，咱家就完了。到了南京你也不要姓杨，姓秋，名馨，也不要让南京政府知道你的背景，否则对你表哥也不利。同你表哥一说，他就明白了。"

当时我姑父杨宇霁是伪满洲国的盐运使，掌控伪满洲国食盐生产、销售的大权，有两个税警团的兵权。其兄杨宇霆被张学良以妨碍统一罪名处死，呈报南京备案，这样就使得杨家人在国民党治下无立足之地。

姑妈的文化水平、智商都很高，是杨府的当家人，就像《红楼梦》中贾府的王熙凤。她给上海电汇400银元，用小汽车把秋馨送到大连港，然后让她乘船到上海。秋馨到上海取出钱后，给南京金城旅馆（东北人开的，如同东北人的驻南京办事处）打长途电话，预订了房间，称"当日晚就到，是铁岭秋馨赴京见丈夫瀛云萍，请立即通知他"。

我们军政界的官员与金城旅馆很熟，我每周六都从汤山到金城旅馆住宿，第二天在南京城里玩、看电影。所以我接到消息后，立即赶到金城旅馆。

当时上海到南京有几个小时就到的蓝钢皮特快火车，秋馨下午3时到了金城旅馆。正巧，我父亲和我三妹经陆路从东北到南京找我，比秋馨早几个小时住进旅馆。秋馨一进门，就看到三妹了，她忙使眼色不让三妹说话，把三妹带进房间，又请过来我爸，这才把姑妈的安排一一道来。她比我三妹长两岁。

我赶到金城旅馆时，秋馨已等在门口。见到我，不顾周边的人，扑到我怀里就哭起来。

三妹和爸爸也都过来，三妹说："哥嫂相见是好事，应当高兴，不要哭了。"其实她自己也在流泪。爸爸说："孩子们，咱们国破家亡，这几年受尽人间痛苦，今天全家在南京相见，亦不幸中之大幸，比咱们更不幸的不知有多少。愿我儿好好学武艺，精忠报国，战胜日寇，恢复旧山河。"他眼望东北，老泪沾襟。

秋馨望着我满是泪水的脸说："咱们今后同生共死，永远别再分离。"

我老爸原本是秋馨的老舅，在爸爸和三妹的祝福声中，有情人终成眷属，秋馨改口称老舅为爸爸，三妹也改称叫她嫂子。秋馨马上就端起主妇的架门儿，规划起这个家庭的远景。

第二天，我带全家回到汤山，住在旅馆里。

次日，我在汤山租了一处三室的房子，请了一个小保姆，一切开销由秋馨负责，我姑妈每月汇200银元给她。

不久，我的同学也是好朋友舒玉瓒来到我家，当时他所在的步兵学校也在汤山，我叫他二哥。他是来给我三妹说媒的，对方是步兵学校的技术班中尉班主任王奎昌（注：王奎昌，辽宁省辽阳市人，东北讲武堂、黄埔军校毕业。抗战期间参加过淞沪会战、南京保卫战、武汉会战、长沙会战。解放战争初期，任整编74师51旅151团团长，孟良崮战役中带伤逃出包围圈。事后，根据他的报告，形成有关孟良崮作战报告一份：《军务局呈蒋中正王奎昌报告孟良崮作战经过情形》。1947年，国民党重建74军，他升任第58师少将师长。1948年底，74军参加淮海战役，王奎昌率58师固守淮海战场最后一个据点刘集，74军被全歼，王奎昌被俘后于夜晚脱逃。1949年，74军再次重建，王奎昌先任58师师长，转任干部教导总队队长。1949年8月，74军在福建平潭岛战役中再被全歼，王奎昌又一次脱逃，前往台湾。此后曾任"第2军团副参谋长"等职），我们都认识。

我同父亲一说，他就同意了。

第三天，舒二哥与王奎昌来了，同来的还有吴允中，他是步兵学校的上尉助教，我们也都认识，这个人博学多才并且忠厚老实，他和舒二哥同为媒人。

秋馨请保姆做了一桌便席，当时王奎昌27岁，三妹19岁。王奎昌长得非常威武，满面红光，精通中国武术，很像标准的武官，与我大不相同，我不会武术，又像书呆子。王奎昌在席间谈笑风生，秋馨用日语开了他几句玩笑，他也学过日语，但没敢用日语回秋馨，很在乎地说"嫂子厉害"，把大家都逗笑了。

三妹看中了他，相处一个多月后就结婚了。

4月间，我们练习员到江阴去实习，秋馨也随我一起去了。

5月末，我们回到南京炮校。

一个多月后，一个晴天霹雳击散了我们这对青梅竹马，导致鸳鸯两离飞。

秋馨的二姐夫姓杜，当时担任我岳父的税警团长，突然乔装来南京找到我们，交给秋馨一封她母亲的亲笔信，内容是，我二人的婚姻已被日本人知道，犯了背叛"满洲国"的罪，已经将她父母关押。我们必须回去认罪，对我可以晋级少校，在"满洲国"任职，也可到日本炮校学习，毕业归国后享受高级待遇，否则她父母将要关押终生。

我们商量之后，秋馨一定要回去营救父母，而我决心精忠报国，抗战到底。

我说："今天分离，真不知何日才能相见，而且日后我生死未卜，不要等我。我希望你今后能有一个新的生活，我们的爱情只能深深地藏在心里，永远相知相爱。如果抗战胜利了，我没战死，我们再团圆。肚中的孩子生下来是男孩就取名红甦，是女孩就取名文梅，好为日后认父。"

我们俩新婚唱的是《燕双飞》，离别之夜含泪唱的还是《燕双飞》：

延伸阅读

《燕双飞》这首歌曲，是1932年在上海新光大戏院首映的影片《芸兰姑娘》的插曲，词曲作者为高天栖，演唱者是主演陈玉梅。

燕双飞，画栏人静晚风微。记得去年门巷，风景依稀。绿芜庭院，细雨湿苍苔。雕梁尘冷春如梦，且衔得芹泥，重筑新巢傍翠帏。

栖香稳，软语呢喃话夕晖。插翅双剪，掠水穿帘去复回。魂萦杨柳弱，梦逗杏花肥。天涯草色正芳菲。

楼台静，帘幕垂；烟似织，月如眉。其奈流光速，莺花老，雨风摧，景物全非。杜宇声声唤道"不如归"。

几天来，秋馨都是以泪洗面，她说："我虽有太多的不舍，为了救我的父母，我还是得走，哥哥，你一定要保重啊！"我对已哭成泪人的秋馨说："我们俩的姻缘这样短，岂是天意？我们的定情歌里唱的有'其奈流光速，莺花老，雨风摧，景物全非。杜宇声声唤道"不如归"'，传信的使者又姓杜，他就是杜宇吗？难道我们年少时常唱的一首歌，就已注定我们俩离飞？"说完，我们相拥哭到天亮。

秋馨走了，天下起了雨，我没有打伞，任雨水把我打湿。望着远去的火车，我泪如泉涌，心碎了。许久，看到三妹和妹夫王奎昌一直和我一起站在雨中，我们都无语，他们挽起我的胳膊离开这肝肠寸断之地。

秋馨回到东北后，再也没有消息，不久全面抗战就开始了。

| 打胜了这一战役 | 延聚的战友，旋即登上汽车，开往江阴。出校门时，全校师生早站好送行的队伍，他们高唱《易水送别》："风萧萧兮易水寒，壮士一去兮不复还！……"有的潸随声下，而我们车上的出征者们，早已视死如归，没人落泪，只高喊"打倒日本帝国主义！还我河山！消灭日寇……"下午4时许到达江阴要塞，吃的一餐司令部早已准备好的"犒军饭"——白馒头，红烧肉。立即进入甲三台、甲四台的炮台阵地，同我们在炮校学习的炮一样，立即作好一切射击准备。八月十三日早五点许，敌机即开始向我要塞扫射、轰炸，下落的炸弹也不知有多少？敌渔军也同时开炮向我轰击。我要塞全员立即开炮应战。就这样连续激战三昼夜，最猛烈时双方的视力叫吃全部失效，只是烟尘火海碎片碎石混飞一片。到十六日早战斗结束，敌舰十多艘或沉，或伤或逃跑全部不见了，飞机被我们击落大架，也不再见了。我参战的两艘兵舰一艘沉没，一艘重伤。所有江阴老炮台周围都被打成白石粉，草木全不见了。伤亡情况不明，是我以望远镜里看的。只有我两座八八炮台周围的草木依旧青枝绿叶。我台只轻伤战士一名，敌人的炸弹没有往我台上落的，炮弹没有往我台上射的。只有敌机不时用机枪向我台扫射而矣。这一现象我们当时不解，后从高级战俘口供得知，敌太夺喜想得到我们八八炮这先进武器，把我们同长坂坡前的赵子龙一样保护起来。我首次打这次现代化的国际战争得不死，原因在此。内幕很复杂，此间从略。总 |

瀛云萍手稿

（打胜了这一战役）

第七章　江阴保卫战，终于手刃仇虏

　　淞沪会战是我们有计划的反攻，早在会战爆发一年前就开始准备。

　　江阴要塞抗战是淞沪会战的一部分。当时中国的科学、军事、武器没有一样能超过日本的，唯一的优点是国土大、人口多，这是日本无法与我们相比的。

　　尽管我们的陆军不是绝对劣势，但是在空军和海军方面则是绝对劣势。尤其海军简直不堪一战，打起来不但保不住领海，连长江也保不住，甚至南京都随时有受到日军海军攻击的可能。

　　为防止日寇强大的海军沿长江西上，七七事变之前，准备的急务之一就是着手加强沿江要塞炮台的力量。

　　清朝末年时，在长江沿岸的吴淞（上海市最北部的长江边上）、江阴（城北江边）、镇江（城北江边）、南京（乌龙山以东到城南雨花台）、乌垱（江西东北角江边）、湖口（鄱阳湖入长江口）、田家镇（湖北省东南角江滨）等地就建筑了江防炮台，都冒称要塞，其实没有一处称得起要塞的。

　　到七七事变爆发时，各个老要塞的官兵都是清朝留下的胡子官、胡子兵，全是"古董"，非但使用的武器都落后了，官兵的水平、思想也都与国民革命军相差很远，是一种留之无用、弃之可惜的状况。靠他们防江是绝对不行的。

　　国民政府也注意到这个问题，就在军政部设置了要塞科，由吴国桢上校任科长，专门负责整理要塞军的工作。

1934年，南京炮兵学校成立了要塞科，招考国内外军校毕业的现职炮兵科尉官。

1936年底，要塞科学员队第1期学员毕业。我到要塞班学习时，已有两期要塞科学员毕业，但他们对老要塞炮台的改进不多。

1937年1月，又设立了要塞科干部训练班第1期，以原要塞科学员队第1期毕业学员为主体，入班再加深造，我就是在这个班里学习。

国民政府又从德国买来一批要塞炮，有150毫米口径、射程20000米的要塞炮若干，还有最先进的八八要塞炮，分别安装在沿江各要塞。

原老要塞的旧炮、旧官兵保留。

1937年7月下旬，南京国民政府召开淞沪会战大反攻的会议。最终于8月11日做出决策，与会者一致通过团结全国各派政治力量救亡图存的政治宣言。

同日，秘密下达向上海日军开战的命令，决定海军按预定方案阻塞长江之江阴水道，进攻日期为8月13日凌晨，会议记录者是汪精卫的秘书黄浚（注：黄浚，又称黄濬，福建省福州市人，民国初年留学日本。黄浚将此次会议内容透露给日方，导致日军各方提前应战。案件破获后，黄浚以叛国罪于1937年被公开处决，时年46岁）。

当时根据确切情报得知，日寇将于1937年8月13日，以海、空军打通我江阴封锁线，从后路包围我们上海野战军。

我们的很多军舰是从日本买来的，日本人给我们造舰时就做了手脚，而我们的验收人员多是外行，对其中的问题看不出来，所以买来的都是打仗不管用的舰。

因为怕日本海军冲入长江，我方海军不能抵抗，1937年8月12日，海军把海容、海筹、海深等12艘旧舰上的炮卸下，安装在沿江炮台上。

此外，连同征用的民间较大船只共35只，把舰体用铁链连起来，横到江阴要塞东方江面上，都装满石头，沉于江阴炮台射程内的东方、长江南北一条横线的江中，并拆除沿江航标。又将没收的日本大型趸船

延伸阅读

中国统帅部认为：华北是一大平原，有利于日军机械化部队及大兵团活动，并距日方东北补给基地较近，附近又有冀东等地伪组织活动，所以形势于我不利。如果全面开战，我方应充分利用在淞沪间既设国防工事，在此投入重兵用以牵制敌人兵力，保卫政治、经济中心，同时还可能使日军触犯列强在华利益引起国际干预。一旦上海开战，应争取迅速歼灭上海日军，封锁海洋；如战事不利，则可退守苏福国防线打持久战，借以待机调停战事，阻止日军侵略。8月7日，各地军事将领云集南京商讨作战计划。

中国方面对于淞沪地区抗日的准备与计划，造成了中方发动"八一三战役"的客观条件。

——《"八一三"淞沪战役起因辨正》，马振犊，《近代史研究》，1986年第6期，第219页

11日下午9时，我接到南京统帅部的电话命令，将全军进至上海附近。我当即做了下列几个重要决定：

一、第87师的一部进至吴淞，主力前进至市中心区；

二、第88师前进至北站与江湾间；

三、炮兵第10团第1营及炮兵第8团进至真如、大场；

四、独立第20旅在松江的一个团进至南翔；

五、令炮兵第3团第2营及第56师自南京、嘉兴各地兼程向上海输送；

六、派刘和鼎为江防指挥官，率领第56师及江苏保安第2、第4两团，任东自宝山、西至刘海沙的江防，并控制主力于太仓附近。

我是8月11日夜半离开苏州，统率全军从苏州、常熟、无锡一带向上海挺进。

——张治中《揭开淞沪会战的战幕》，宋希濂、黄维等著，《正面战场：淞沪会战》，中国文史出版社，2016年，第19—20页

8艘，一起装石沉于前沉船线上，是为江阴封锁线。用江阴要塞的炮火控制，它的前后又投上水雷，形成一条横断长江的封锁线，以挡日寇海军。

这一手真起了点作用，所以日寇想进攻上海，要先打破江阴封锁线。

原以为江阴封锁线可封住很多江阴以西的日寇船只和日本侨民，不料参加会议的汪精卫秘书黄浚于会后即将决策内容通知日寇，致日寇应被锁住的船只都在封锁线合拢前，在我们施工的海军面前溜走了。

日寇的船舰满载日侨逃出江阴封锁线时，时间是8月11日夜到12日之间，是在封锁线尚未合拢的空口中溜出的，而封锁线的作业人员是我们的海军，有几艘武装兵舰就守在江阴的江面上，江阴要塞的炮口也都对着江面，海军和江阴要塞都已得到封江的命令，并已开始了封锁行动，当然就应该不允许日军船舰通过江阴，封锁线虽未合拢，但炮火可以随时封江，当时为何眼看着日舰通过而不管呢？这不明摆着有内奸吗！

蒋介石得报后，立即密令戴笠从速查清内奸情况。戴笠没几天就查明汪精卫、周佛海、陶希圣、高宗武、梅思平等人与日本外交部门有秘密接触。随后抓获黄浚等10名泄密犯，于8月26日将黄浚等在南京枪决。

此时，陆海空三用八八速射炮已经安装在江阴两台，用炮的人就是我们正在学习的要塞科干部训练班的军官和士兵。可我们尚未学成，仗又非打不可，我们只能用不成熟的武艺，同日本军国主义者去硬拼了。

1937年8月12日上午9时，学校领导到教室点名，抽出学习成绩最佳的学员开赴江阴要塞，我也在其中。

延伸阅读

9月25日，陈绍宽按照蒋介石的指示，将"海圻""海容""海筹""海琛"等4艘巡洋舰沉塞于阻塞线上。这是国民政府做出的又一个无奈的决定，因为尽管这些巡洋舰已经有近40年的舰龄了，但是在长江上作为活动炮台使用的大型舰船，其舰龄不会是绝对重要的影响因素。或许它们的舰载火力比它们的身躯更有抗敌的效力吧！

——《中国海军封锁长江内幕》，马骏杰，《环球军事》，2010年第20期，第25页

延伸阅读

1937年8月11日，蒋介石以南京政府行政院院长和军事委员会委员长的身份，召集了一次最高国防会议，研究和决定对日作战的国策和战略。参加这次会议的除了国防委员会副主席汪精卫，军委会正、副参谋长何应钦、白崇禧外，还有各大战区的负责人及军委会委员。会议决定对日本实行"以快制快"和"制胜机先"的策略，即趁日军主力集中于华北之时，先歼灭其在上海的海军陆战队，同时封锁江阴要塞一带最狭窄的长江江面。这样做，一方面可以阻止日本军舰由上海沿江西进攻南京；另一方面能截获当时正在长江中、下游南京、九江、武汉、宜昌等各口岸的日本军舰与商船，收先声夺人之效。当时这是最重要的国防军事机密，除蒋、汪、白、何以及国防委员和担任会议记录的机要秘书黄浚外，其他任何人都不知情。但蒋介石的命令还未下达到有关战斗部队，在宜昌、汉口、九江、南京等长江各口岸的日本军舰和商船却都纷纷沿江顺流而下，向长江下游逃跑，有的还冲过了江阴要塞。蒋介石得知此情报后，震怒之余，立即采取补救措施，即在8月13日晚打电话给驻军扬州的空军第五大队，命令他们14日凌晨起飞追击并击沉向黄浦江方向逃跑的日本舰船。但为时已晚，追击的空军仅俘获了日本商船"岳阳号"和"大贞号"，其他日本舰船均已逃入黄浦江中，按当时有关涉外条约不能再轰炸打击了。

——《抗战初期发生在南京政府最高层的间谍案》，郜合启，《党史纵横》，2008年第5期，第60页

共计调出来2名上尉、4名中尉、4名少尉（探照灯员、军械员）。其中归甲一台的是上尉朱宗尧，中尉杨兆龙、瀛云萍，少尉郭炳林，其余都归甲二台。各带简单行装，到操场上找各自单位报到，开赴江阴甲三台、甲四台作战。

每人给个布条，上面写着军衔、姓名、单位。

我立刻回到寝室，只拿了一条毛毯、一个水壶、一个干粮袋。其余物品全扔下，价值在500大洋左右，此正所谓"受命之日，则忘其家"。

到操场，甲一台的旗帜早已竖起，少校台长李诚中立于旗下，他原来就是南京炮兵学校教官，就听他大喊："甲一台的同学们到这里集合。"我们拨归甲一台的练习员立即跑向李台长报到。

接着拨归甲一台的12名军士同学，共有4名炮长、8名射手来到。拨归甲一台的学兵同学有70多人，也由学兵连连长带过来了，我们两个中尉接过

来，甲一台的队伍就此编成。

我把 8 名军士同学的名字立即写到笔记本上，对他们的长相看了又看，然后对台长李诚中说："这是咱们战斗的中心力量。"朱宗尧上尉对台长小声说："小瀛是把好手。"台长点头含笑。

这时甲二台也编成了，台长是少校陈镜清。

陈镜清原来也是南京炮兵学校教官，东北讲武堂毕业，甲一、二两台的 12 名台官，只有我和他是东北军的，西安事变时，我们都因此受到冲击。现在要开赴前线去抗战了，这是我们报效祖国、建功立业的好机会。

我在南京的高级军事学校镀了金，在某种程度上洗去些"军阀余孽"的成分，面目一新。又在南京各军事学校毕业生调查科入了册、备了案。只要没战死，到哪个单位去工作，都有保障。这都是邹教育长费尽心思给我安排的，所以我很高兴，在操场上很活跃。

编成的甲一台、甲二台是南京的番号，暂借到江阴去应战。

编成两台后，官兵互相自我介绍，胸前都挂上一个红布条的名章，上写职务、姓名、单位。因为要上前线去殊死一战嘛，大家马上都结成比亲兄弟还亲的战友。

校部派来一个少尉特务长，带着勤务兵、炊事员、伙房用具，单装了一汽车前来报到。全台合计 3 辆汽车，与甲二台总计 6 辆大卡车。

很快登上汽车，全校师生早在校门两侧站好送行的队伍，高喊："打倒日本帝国主义！祝勇士们百战百胜！"大家知道我们是与优势之敌去打炮战，凶多吉少，竞相唱起了《易水歌》："风萧萧兮易水寒，壮士一去兮不复还。"很多人泪随声下。

我们出征的同学都已视死如归，没有落泪的，只是高喊："打倒日本帝国主义！保卫祖国的神圣领土！还我河山！"

6 辆车开出汤山炮校大门，途中经过南京东南、茅山以西的天王寺，在那里吃完中饭，下午 4 时许到达江阴要塞黄山脚下。

延伸阅读

就在"八一三"以前,军政部兵工署突然运来8门从德国买来的88毫米高平两用半自动火炮,弹药和观测、通信器材齐全,4门装在东山,4门装在肖山。这种火炮兵工署共买了20门,江阴要塞装8门、江宁要塞装8门,还有4门装在武汉外围的白浒山。这种火炮命名为"甲炮",其番号是:江宁要塞为甲一台、甲二台,江阴要塞为甲三台、甲四台,白浒山为甲五台。甲炮高射时,射面高为6000米,射程远为9000米;平射时最大射程为14500米。当时高平两用火炮"甲炮"算是最先进的。同时还运来4门150毫米加农炮,命名为"丙炮",装在西山为丙一台,弹药和观测、通信器材齐全,弹重为50公斤,弹型尖锐,弹种有穿甲、爆炸两种,最大射程为22000米,丙炮亦为当时最先进的火炮。甲三台、甲四台、丙一台的官兵,均由陆军炮兵学校要塞科负责的要塞炮兵干部训练班组织训练,当时由德国负责技术的人员陈门荪(译音)指导训练,训练完毕,即编属江阴要塞司令部。这样,江阴要塞就增强了抗战的力量。

——杜隆基《抗战中的江阴要塞》,唐生智、刘斐等著,《正面战场:南京保卫战》,中国文史出版社,2016年,第83—84页

我们下车整顿了一下,吃了一顿要塞司令部准备好的犒军饭——大炖肉和白面馒头,要塞司令许康中将又向我们讲了话,并下达了战斗命令。然后我们立即进入早已安装好,还没使用过的八八炮甲三台、甲四台炮台阵地。

看到的炮和我们在炮校天天学习的完全一样,大家轻车熟路做好一切射击准备。但是除了新安装的炮位,其他观测所、掩蔽部等一切安全设备全都没有,让我们用肉体去抗击敌人的海军炮弹、空军炸弹,哪里像个要塞?

我们是炮校第1期要塞科干部训练班毕业的官、士、兵,现在编成要塞军后,从要塞司令官、参谋长到各个参谋,没有一个是学要塞专业的,我们是在全外行的上级指挥下作战。后来在我们对敌作战的全程中,司令部对任何事都不过问一声,任我们自由打。

8月13日早,日军已探听到我们开炮的时间是早4时40分,所以早我们30分钟就开火了。敌机轮番向我要塞扫射、轰炸,落下的炸弹不知有多少,敌海军也开炮向我轰击。

我台的主要任务是保护江阴封锁线,打敌军舰和飞机,日军既然已经先开火,我们要塞全员立即开炮应战,飞

机来了打飞机，飞机走了打军舰。我从望远镜里看到我们的炮弹击中敌舰，兴奋得神经都好像有些失常，自九一八事变逃出沈阳，六年间的艰难，今天终于有机会手刃仇雠了，口中不住大喊："打中了！打中了！"我不禁喜极而泣，泪流满面，扔下望远镜向战士们连连作揖说："谢谢同学战士们，替我报了仇！"

战士们对这个场面的理解各自不同，东北籍的战士有的也流下眼泪，南方籍的战士们说："抗战是咱们共同的愿望，打中了敌舰咱们都高兴，何必谢呢？"

台长李诚中说："他是在占领沈阳的日寇屠刀下逃出的流亡学生，六年多的满腹怒气今天才开始吐出来，过度的兴奋是可以理解的。"

江面上向我方开炮轰击的敌舰有10艘左右，空中向我方投弹、射击的敌机最多时满天都是，有五六十架。

我方参战的是江阴要塞的全员，连我们两台新炮在内共有火炮百余门，加上"宁海"（注：宁海舰是当年从日本购买的巡洋舰，在江阴保卫战中被击沉，日军打捞修理后改名"五百岛"号续用，于1944年被美军潜艇击沉于八丈岛附近海域）、"平海"（注：同在江阴保卫战中被击沉，日军修复后改名"八十岛"号，1944年在吕宋岛被美国飞机击沉）两条兵舰，又有很多临时配置掩护我们空中死角的37毫米口径小高射炮和高射机枪。

打到最猛烈时，视力和听力全都失效，只有烟尘火海，日色无光，破片碎石混飞一片，官兵各自为战。

我们的八八炮虽然只有8门，却是此战的主力，采用定向射击，不断地向江面发炮。就这样，我们打了三天三夜没离炮位。

在我们与敌人炮战时，汉奸们为日军指示目标的彩光信号弹，布满了我们甲三台、甲四台的上空，射成明显的两个彩光圈，给敌人指示我两台的位置，其他江阴老炮台上空就没有。我详细观察后，看准信号的发出地点，带了十几名战士，拿着卡宾枪，潜伏接近该地去搜捕。

延伸阅读

在全面抗战爆发之前，中国就向德国购买了20门直径88毫米的高平两用半自动火炮，其中就有8门配置在江阴。该火炮射程可达6000米，远射能力达到9000米，平射最高可达到14500米。在江阴西山炮台配置了4门德制150毫米加农炮，配备的炮弹具备穿甲和爆破能力。除此之外，炮台官兵日夜加紧训练，士气高涨。"为了能更好地操纵火炮，江阴要塞的全体官兵都接受了德国军事教官的训练，因此，军事素质较好，战斗力也比较强。加上全国抗日的形势，官兵的士气十分高涨。"整个江阴封锁线加上江岸的炮台建成巩固以后，对于阻遏日军西进攻击南京起到了一定的作用，而且有效地配合了海陆军的作战。

——《江阴阻敌战的经过与得失》，张苏赣著，《日本侵华史研究》，2013年，第3卷，第82页

那里是一片沼泽地，一看，藏在芦苇塘里的人都是前往搜捕奸人的江阴要塞老官兵，还有个中尉带队。我举起手枪对着那个中尉问："你们在这儿干什么？"他说："我们来搜敌谍。"我又问："抓了几个？"他说："早就跑光了。"

我们回到台上不久，信号弹的光圈又出现了，我又去抓间谍，看到的还是那几个人。明知汉奸就藏在江阴老兵中，但没有证据，他们又是全副武装，真是没有办法。

我气得泪流满面，向李诚中台长说："这战怎么抗？江阴要塞的老兵就是敌谍。"李台长说："你我都是小官，又受人家的节制，以后详报给要塞科就是了，现在有什么办法呢？"

我带兵去捕了三次，什么也没捕着，后来不再去了。

抗战的中国官兵多难啊！

抗战期间有一部小说叫《鸽子姑娘》，就是反映江阴内奸题材的。

鸽子姑娘的祖上原本是日本人，于清末迁入中国山东，入了中国籍，到了她祖父时举家迁到江阴居住。她父亲出生在江阴，她自己是江阴土生土长的大家闺秀，抗战时爱上了一个驻江阴的东北籍空军中尉，从中尉那里得到很多情报，给中国空军造成很多不应有的损失，最终被一位空军上校侦破。

可见日寇谋我之深，用谋之远。

15日中午，双方都打得残破不堪，我们和后方司令部的通信网断了。要塞的通信兵都猫在山洞里，

不敢出来修线，我们同司令部失去联系，战斗中没听到司令官的一句话，就是各自为战，也不知司令官的生死。

当敌人飞机较少时，李台长命我去司令部报告战况。我走到中途被敌机发现了，随即向我扫射。我连滚带爬围着一棵大树转，弄了满身污泥，我转来转去，敌机看不清才飞走。

司令部在一个很暗的大山洞里，许康司令见到我喜出望外，对我台的战斗给了过高的评价，因我们是临时借来的客军，又是"中央军"中的"中央军"，所以对我们格外客气。

当我报告他，我们台一颗炸弹、一颗炮弹也没挨炸时，司令和参谋长都愣了，说："太幸运了，你们打得最好，敌人反而不打你们，真怪。"

打到8月15日晚停火了，我们保住了封锁线，日本海军的十多条军舰半沉半伤地全部败走，我们八八炮对战日本海军的战果是巨大的。日本空军参战的飞机有60多架，被我们高射炮击落6架。高射炮对空战的效果很微弱，但打敌舰的威力很大。

我八八炮的最大射程是14500米，江阴要塞其他火炮的射程都较八八炮近很多，敌人为避开我八八炮威力，不敢进入我有效射程内。有时试探着前进到我有效射程内，则被我八八炮打乱队形。有时敌舰不顾炮火强行前进，则被我众多火炮打得舰队附近水花、火花、破片、破碎物飞舞天空，混成一团。

但江阴老炮台的损失、伤亡都很严重，我从望远镜中看到，老炮台的所在地全都成了白花花一大片粉末，寸草不生，伤亡情况不明。我们海军参战的"宁海""平海"两舰被击沉，只有我们甲三台、甲四台阵地附近百米内，草木无伤，百花照开。我台只是轻伤一名战士，敌人飞机的炸弹没有往我台上落的，舰艇的炮弹没有往我台上射的，只有敌机不时用机枪向我台扫射。

我们对这一现象当时不解其谜，直到抗战胜利，从日军高级战俘口中才得知，当时德、日虽同属轴心国集团，但德国并不将八八炮这种当时最先进的武器卖给日本。日本人一旦得到就能仿造，但是卖给中国，中国仿造不了，德国又需要中国的钨砂，所以才把八八炮换给中国。因此日寇就想从中国战场上缴获到这种炮，同时还想俘虏会操作这种炮的官兵，因此日军大本营下令给参战部队："必须保护好甲三、四台的队员、武器，只能生擒，不得伤害。"因此，我们这两台官兵就成了长坂坡前的赵子龙。否则，有一发海军炮弹或一枚空军炸弹落在我们的炮台上，炮不一定受伤，但人必有伤亡。

如果没有那些汉奸拼命往炮台上空不断放彩光信号弹，或者第一天发信号时就被我抓到了，我们这两炮台的后果就不堪设想了。因为所有的江阴老炮台，都有永久性的掩蔽部，只有我甲三、四台没来得及修掩体，仗就打起来了。

我们猛打日军，但日军对我们两炮台绝不还手，这样的仗，是亘古所无的。

这是我生平的第一战。

这场江阴封锁线保卫战打到1937年8月15日晚告终。

16日，我们甲一台官兵在黄山下营房中休息一天，已经几天没合眼，大家好好地睡了一觉。

17日，乘我们12日来时的车，与甲二台两台官兵同道开回南京。但没回炮校，而是编入江宁区要塞的建制，各自开赴甲一台、甲二台的阵地，参加正在建筑中的甲一台、甲二台工作，准备连续作战。

18日一早，我们就同侵入南京上空的日机打了一仗。

甲二台阵地在幕府山西面的老虎山上，在南京内城中央门西北方2.5公里左右，北距长江边2公里。

甲一台建筑在乌龙山上，位于南京城外东北30里的大江南岸，北面紧邻江边，距中央门约11公里，这个距离超出了八八炮的最大射程。

乌龙山比较矮，呈西南至东北走向，是一块长约4公里、宽约2公里的小丘陵，从山底下爬到山顶上也就10分钟。我们的炮不在山顶上，是在乌龙山东头一个比较平坦的山上。山上有树,山顶有个乌龙庙,庙里有个黑脸的乌龙神。因为没建营舍,我们只得暂驻乌龙古庙中,睡觉休息都挤在乌龙庙里。官员们住在正殿,与神像在一起。战士们住在两廊上,可遮雨,不能挡风。

庙东一里许的另一山头上有一座老炮台,是清代设置的一组江防炮台,叫龙台。甲一台一方面与龙台合力防江,一方面与甲二台合力防空。

定这一战役我们打胜了，保住了横江的封锁线。战斗中我用的小炮最先进，是我方杀敌求胜的主要火力。

我们完成任务后，即于八月十九返回南京甲一台。从此没再回炮校，一直在前方打了三年多鏖战，驰驱万里。

参加南京保卫战

（我江阴战役的经过，已载入江阴文史资料1988年集）

甲一台位于南京东北江边的乌龙山上归江宁要塞司令部管辖。我们到南京乌龙山后，对空的战斗是天天都有，台长、台附轮流守在阵地上，应付不时出现的敌机。我们离开江阴不久，江阴要塞就被日寇攻陷了，战事逼近南京城。乌龙山是南京的前卫，我们小小高射炮台东500处，还有一台清朝留下来的老炮台，都里胡指挥，胡子兵用的是旧火炮。我们这些自愿军青年官兵到达后，首先是作这座老龙台的政治工作，争取他们效忠祖国，抗战到底。这时南京的卫戍总司令是唐生智上将，他表示死守南京，给我们要塞官兵发了六个月粮油。我们都示于与首都共存亡，每人都往家里写了遗嘱，表示死得其所矣。每天除了对空战斗外，就唱岳飞的"满江红"和《从此流正曲》遥望东北华北沦陷的江山，想着落难的父老兄弟姐妹们，思想里只有"壮志饥餐胡虏肉，笑谈渴饮倭奴血"。

九月间拨来了一批从河南开封一带征来的新兵，没有文化有的连大名也没有，只有"阿狗"、"三秃子"等小名，问他们进行军事和政治思想训练，太困难了。

乌龙山在南京和平门东12公里长江南岸，我们称"甲一台"（甲种高射炮第一台），还有甲三台。我们东边的老台名龙台，还有虎

瀛云萍手稿

（参加南京保卫战）

第八章　保卫南京，乌龙山支起要塞炮

南京要塞本名为江宁要塞，要塞司令官是邵百昌（注：邵百昌，湖北省黄冈市人，参加过武昌起义，保定陆军军官学校毕业，留学欧洲。先后任江宁要塞司令、武汉卫戍总司令部炮兵指挥官兼黄鄂要塞司令、中国远征军炮兵指挥官。1949年去台，1981年过世，终年83岁）少将，他是保定军校毕业的少将，很有学问，保定军校要学习九年才毕业，那是真正的大学。参谋长是曹友仪。

我们甲一台全体官员除特务长外，全都被司令官邵百昌找去谈话，后来才知道实际是面试。

他手中拿着甲一台全体官员的名册，上面有照片、详历、编制、职称等。

我们本来的编制是少校台长李诚中、上尉台附朱宗尧、上尉台附杨兆龙、上尉台员瀛云萍、中尉探照灯员郭炳林，还有一个少尉军械员，其中有三个黄埔毕业的。司令官逐一谈话，谈完一个出去一个。

邵百昌司令拿着名册跟杨兆龙谈，谈完了对杨兆龙印象不好。他知道这是杨杰的儿子，但是他不管了，就把我的相片、详历移到上尉台附的位置，把杨兆龙的拿出来换到上尉台员的位置，最后把这个编制名册交给台长李诚中，没说别的话，就说"我换了"，让回台去宣布。

我这个台附就是这么来的。

邵百昌那时有40多岁，当南京要塞司令五六年了，官不大，就管八个炮台，相当于一个旅长。他年龄大，是老前辈。

第二天，台长李诚中按司令官邵百昌批准的编制表发下正式委任状，杨兆龙问他："这是怎么回事？"李诚中说："这是司令官决定的。"

杨兆龙是陆军大学校长杨杰（注：杨杰，云南省大理市人，日本陆军大学毕业，是帮助蒋介石取得中原大战胜利的重要人物之一。曾任陆军大学教育长和驻苏联大使，1949年因革命言论被蒋介石下令暗杀，时年60岁。1982年，杨杰被中华人民共和国民政部追认为革命烈士）的儿子（侄子），黄埔9期炮科毕业，和我是要塞科干训班同学。杨杰是陆军上将，权高位重，但杨兆龙远不如他的父亲。在学校时，学员每礼拜二、礼拜四可以回家，他回家都是小汽车来接，有时他老婆也坐车来接，我们的伙食他吃不惯，就从家里带鹿肉、罐头，分给我们吃。

全台有台员、通信员、军械员、特务长、学生军以及从当地雇用的炊事班，共一百多人，使用八八高射炮4门。

乌龙庙所在山包是一个比较平坦的地面，大约有1000平方米，长满了小树和高低不等的荒草，4门炮的炮位都修在乌龙庙的东北方，靠江边，从炮台最前面往前走几步就是大江，站那儿扔个手榴弹就能撒到江里去，谁也不敢靠前，怕掉下去。

我们进入甲一台阵地时，炮位才安装好，但其他应有的台长观测指挥所、掩蔽部、弹药库、营舍等都没有，只是一片荒山、一座古庙、4门大炮而已。都是军政部城塞局来干的活，安完4门炮就走了，此后就再没人管了。

延伸阅读

1914年，杨杰回云南，任讲武学堂骑兵科科长兼口语教官。这年，经同乡介绍，他与赵丕顾结婚，其母亲带着6岁的大侄儿杨兆龙到昆参加他们的婚礼。自此，杨兆龙就跟着杨杰夫妇生活了三十多年。赵丕顾先后生了两个儿子，大的叫重萤，次的叫重歌，兆龙也改叫重福。

……

庐州之役结束后，杨杰回到昆明，任靖国联军高级顾问。就在这时，他的儿子重萤、重歌都患白喉症，仅一星期内就先后死去。从此，他再无亲生儿女，只有将侄子杨兆龙带在身边为子。

——《战略专家——杨杰》，《青年与社会》，2007年第4期，第30页要塞司令部没有要塞专业人才，对城塞局也提不出什么具体要求。

龙台这个炮台是清朝遗留下来的，都是胡子兵、胡子官。我们一到乌龙山就主动和他们取得联系，对他们执弟子礼，称呼他们为叔父或者老前辈，对官长做了一些思想宣传，想办法暖他们的心，争取他们和我们一起抗战到底。

龙台台长欧阳春是一位年过半百、白发苍苍的老少校，从清朝末年就到龙台当小兵，积30多年之劳苦，一步步逐级升到少校台长，没有现代文化，对抗战没什么正确认识。部下的官兵也多是四五十岁的中老年人，都是清朝留下来的。和很多老百姓一样，他们恨国民政府、恨官吏，甚至恨知识分子，认为日本人来打的对象只是政府官员和知识分子，和老百姓没什么关系，谁当皇上给谁进贡就是了。当时，很多老百姓都没有什么抗战意识。

我们抓紧争取他，对他非常客气，都管他叫老前辈，再请他吃点饭，并请教了江防知识。

欧阳春台长虽无多少文化，但举止言谈文雅，相貌堂堂，在当地官兵、居民中威信很高。附近的老百姓大多是龙台官兵的眷属亲故，还有逐年在龙台退伍的军人及其后代，欧阳春台长非但有指挥龙台官兵之全权，乌龙山一带居民对他也无不唯命是从。所以他对当地的情形非常熟悉，对要塞炮台区内每家居民的来历都非常清楚，这里潜伏不了敌谍和汉奸，这一点他做得很好。

当我们把江阴敌谍猖獗的情况讲给他听，并研究怎么防患于未然时，他拍着大腿，指着自己的鼻子说："这一点请各位同志放心，全在我身上，全台官兵都是我亲手培植出来的，要塞内的居民我没有不摸底的，他们都唯我之命是从，有一点可疑情况，我立刻就会知道。"

我们深信不疑，把他看成是最可靠的抗战伙伴。

当时江宁要塞共辖7组炮台：

龙台，台长欧阳春，驻乌龙山。

虎台，台长杨汉坤，下分虎一台，驻幕府山；虎二台，驻老虎山；虎三台，驻香山。

狮台，台长冯藩，驻狮子山。

马台，分 3 个台：马一台，台长李伟，分驻杨家山、何家山；马二台，台长李兴记，驻马家山；马三台，台长赵万源，驻清凉山。

雨台，台长伍仲岳，驻雨花台。

甲一台，台长李诚中，驻乌龙山。

甲二台，台长陈镜清，驻老虎山。

除了龙台，其他几台都在我们的西边，又多在城里的山上。

此外有两个守备营，守备 1 营营长李云鹏，守备 2 营营长丁绾符，两个守备营各有步兵 3 个连；一个重机枪连，辖 6 个排，重机枪 12 挺；一个工兵连，连长裴即凯；一个通信连，连长周少松，下辖一个电话排、一个无线电排、一个特种通信排。

这就是江宁要塞的全部阵营，全部参战人员军官 144 人，士兵 1640 人。

在我们甲一台，台长李诚中、台附朱宗尧都是黄埔 6 期毕业，只有不到一年的学习时间，连新兵教育完成的时间也不足，又到炮校学了不到一年，兵学水平都不高。

杨兆龙是黄埔 9 期的，三年正规毕业生，又在炮校学习一年，总计四年的兵学水平，本应有所建树，但因对司令邵百昌把他和我对调换职非常不满，受不了委屈，对台员一职不感兴趣。

我此时总共学习了八年兵学，作为一个东北流亡学生，背着"军阀余孽"这样的黑锅，忽然破云雾而见青天，得到司令官的赏识，一心想报知遇之恩，工作自然要抢着干。

台长李诚中命台附朱宗尧监管第一、二炮班，我监管三、四炮班。我根据江阴战役的经验，提出要构筑全台的掩蔽部。

李诚中立即说："你就指挥全台去干吧！"于是我领着 4 名上士炮长，

延伸阅读

乌龙山要塞位置重要，在南京城外15公里处，作为城外江边唯一一个高点，扼守着长江。早在清同治十三年（1874），清廷在乌龙山山顶中部，建造乌龙山炮台。民国时期，南京政府对乌龙山要塞相当重视，给予扩建，并且布置了新式火炮。乌龙山要塞当时属于南京江宁要塞的一部分，上面修筑着甲一号炮台和乌龙山等几座小炮台。其中以甲一号炮台最为先进……炮兵全部为南京炮兵学校的学生130人，台长为李诚中少校。

——《南京保卫战》，《黄埔》编辑部，《黄埔》，2016年第1期，第16页

按照我选定的位置，挖掘各炮班的掩蔽部。

我们每天忙着测量沿江距离，挖掩蔽部，不时还要对空战斗，又要谨防江中潜来的日寇水鬼。

住了十多天后，司令部派来营房建筑队，在山脚下平沟中搭了几十间席棚子，作为我们的营房。打了一口井，没打井前我们吃江水。

司令部认为乌龙庙目标显著，命令工兵把乌龙庙拆了，把乌龙神像抬到山沟小路边受风吹雨淋。这一下，惹了一场大祸，几乎弄成民变。

乌龙庙是从明朝就有的一座古庙，供奉一黑脸、人龙合璧的高大神像。清朝顺治年间，郑成功带兵沿长江而上攻打江宁时，相传曾泊舟乌龙山下，亲到乌龙庙上香，请乌龙神助他成功。乌龙山一带老百姓视乌龙神是这一方居民的保护神，香火四季不断。

但是军队安装八八炮后，禁止老百姓上山焚香，民间已经不满，我们进驻以后，老百姓对我们很冷淡。等到乌龙庙被拆，乌龙神又被抬到山沟里"受罪"，当地百姓就更加不满。老百姓急忙用木材给龙神盖了一座木头小庙，放置了香案，祭拜焚香，准备集资盖新庙。老百姓见到我们就吐口水谩骂，同时秘密结黑社，准备聚集丁壮持械把我们赶走。那天我到南京去洗澡，回来后听说了这个消息。

我回营后赶紧同台长李诚中开会研究对策。会后，我们买了猪头、馒头、香烛，写了祭文，由我带了4名兵士到木头小庙，三跪九叩读祭文、焚香上供、认错，答应抗战胜利后，重修庙宇，再塑金身，绝不食言等，这才将百姓安抚下去。

司令部的工兵在拆乌龙庙的同时，把乌龙庙山头的树木、高草也都全部砍光。我们问："拆庙干什么？"他们说庙目标大。我说："那4门大炮就在山顶上摆着，距离好几千米、上万米就看见了，你拆庙干什么？"

他们不但拆庙，还把山上的树都砍倒了，说是妨碍射击，为我们扫清射界。

乌龙庙和山顶的草木对我们八八炮的射击根本无阻碍，相反，这个不大的庙和树木高草对我们的炮都有掩蔽作用。我们每门八八炮都在一个高两米、宽一米多的小铁屋中，小铁屋就是防盾，射孔从铁屋的顶角开通，炮管从射孔伸出，炮口距地面两米多高，炮的射击都是仰角，没有俯角，弹道是条抛物线，其起点离地面两米多高，最高点离地面几千米，高两米的草木怎能与弹道有关系呢？而我们又是以高射为主，地面的草与高射炮有什么关系？乌龙庙院外是有几株大树，可我们平射时是射向江面，乌龙庙在我们的炮后面，打江面与乌龙庙方向无关。如果有步枪兵在高草中占领阵地，枪口前的高草是应砍倒一些，但也不该把附近的都砍倒。

我们说："你们干这些事花了不少钱，可你们掌握的都是步兵知识，不懂得要塞炮是怎么回事，干这些事损人又不利己，反倒是为日寇扫清视界，全属汉奸行动。"

我们根本没反映过乌龙庙和草木对我们有什么妨碍，这些行动是参谋长、参谋们坐在办公室里想出来的。整个江宁要塞的军官没有一个人学过专业要塞知识，都是外行。而我们甲一台、甲二台全体官兵都是要塞科训练班毕业的，可他们的官衔比我们大，根本就不征询我们的意见。

战争中，大兵到哪儿就是哪儿的灾难，人家有权，就连我们也是秀才遇到兵，根本说不通。人家官大，我们台长才是个少校，我只是个上尉。

他们拆庙、砍草木以前，从远处看不清我们的准确位置。庙拆了，树砍了，从远处一看，山包上明显立着四个方形的黑家伙，离老远就全都看见了，敌人对这里的射击、轰炸可方便了。这种为虎作伥的行为干得太明显了，实在应当把出这个馊主意的参谋送上军事法庭。

而他们对原有的平射炮台并没有这样做，我们东面500米就是龙台，从我们的秃山顶看过去，根本看不到龙台的任何一门炮。故意把我们甲一台的现代化新炮暴露在秃山顶上，让敌人容易消灭我们，这样的参谋是不是被敌人收买过去的内奸呢？

后来他们处长来了，我说："你是不是很远就看见炮了？乌龙庙没拆时，还看不见炮，你们做那些事情，没有学问。"把乌龙庙拆了，还得罪了百姓，那毕竟是从明朝留下来的古迹，收复台湾的郑成功还到这里进过香。

9月，我们进驻山下芦席棚不久，司令部拨来了30名新兵，是兵役部门从河南省兰封县、考城县征来的，一天训练都没进行过。

这些兵一点文化也没有，一个字不认识，有的连大名也没有，只有阿狗、三秃子等小名，给他们做军事和思想政治训练，真是太困难了。本来应该由台员杨兆龙负责训练，可台长说："瀛台附，还是由你去训练吧。"

台长是江西人，那些台员都是南方人，也不会说普通话，讲普通话的就我一个，当时东北话就是普通话，抗战那时候交流那个难啊。

进行新兵训练时我就给他们起名，问："你姓什么？"答："我姓张。""那你是哪个张？是弓长张还是立早章？"他自己也不知道。我就当场给他们起大名，造花名册，一个人写个名牌，把新起的名字写在胸章上，缝在衣服前胸，然后告诉他："你先把这几个字认识了，这是你自己的名，每一个兵都要认识自己的名，会写会读。"但是等点名时喊他，他就忘了，就得再告诉他："这个名就是你。"

跟他们讲炮有多少米长，他们说："长官，米不就这么长吗？"他们以为是大米。后来我就不叫"米"了，叫"公尺"。不然的话，我说500米，他们脑子里就想着500个米粒能排多长。

这就是抗战时农民文化的真实水平，这又是我们需要依靠的力量。用这样的力量去打日军用科技武装的现代军队，真是太难了。

甲一台只有我和另一位台员郭炳林是北方人，所以这些河南新兵都对我很亲热，我也懂河南方言，和他们有共同语言。

我从炮校带来的人员里，选出一名中士、一名下士来训练这30名新兵，由我来指导。这两名军士真管用，一个月后，这些农民壮丁都被训练成了兵，会放枪，能听明白长官的指挥，会说些军事用语了。

而且这些新兵体格都壮实，我当值星官时，就带着他们挖防空洞、掩蔽部，很有成效。

炮台在山上，防空洞就挖在山崖子底下，在每一个炮位下边选好一个地方。不挖防空洞不行，敌人飞机随时来。山是黄土山，从这边往里挖个洞，从那边挖个洞，也不用什么机器，它自己就通风。防空洞里面没有水泥，也没有钢筋，3米高，1米宽，不能挖宽，要挖高，洞高了，就算里面站满了人，上边空气也是流通的。一个防空洞里容纳一个班，16个人。

一见我当值星官，士兵都乐了："瀛台附开始值星了，咱们又干正活了。"一值星一个礼拜，我们挖了好多个洞。

筑好了台长观测所，又筑成十多间仓库，用来储藏粮油和军需物资，又可防敌轰炸。这些都应当是司令部要求城塞局给施工的，可司令部也没要求，城塞局也没施工。

我们是刚从江阴要塞炮台上打完一场恶战幸存下来的，现在还是用同样的炮，准备在不久的将来与日寇打同样的仗，对炮台应当怎样建设，我们都有实际经验。

邵百昌司令官到甲一台来检阅过，问台长新兵训练怎么样？台长就看我，我就答应，司令官对我说："新兵给你训练啦？好，好。"

我们到甲一台一个多月时，接到要塞司令部传来南京卫戍司令唐生智（注：唐生智，今湖南省东安县人，保定陆军军官学校毕业，陆军一

延伸阅读

11月27日,唐在中英文化协会招待外国新闻记者及留京外侨领袖时,发表了豪言壮语:"本人奉命保卫南京,至少有两事最有把握:第一,即本人及所属部队誓与南京共存亡,不惜牺牲于南京保卫战中;第二,此种牺牲,定将使敌人付以莫大之代价。"他为了表示破釜沉舟、背水一战的决心,要交通部部长俞鹏飞把下关到浦口的轮渡撤退,禁止任何军人从下关渡江,并通知在浦口的第1军,凡由南京向北岸渡江的任何部队或军人个人,都得制止,如有不能制止的,可以开枪射击。南京城中各处筑成战壕,街衢交通要点均置电网,城外各军事要点亦布置炮位,埋藏地雷。南京居民已大部迁离,南京城门多用障碍物关闭,少数几个门通行。唐生智宣称,他可以"坚守六个月"。实际上,从11月20日他先行到职,到12月12日夜撤离南京不过三个星期。从12月5日日军向南京外围进攻到12月12日南京弃守,则只有一星期。

——《南京保卫战初探》,魏宏运著,《江南学院学报》,1999年第2期,第33页

级上将。1937年南京保卫战时,任南京卫戍司令长官。弃守南京后,唐生智辞去一切职务,闲居老家。1949年参加湖南和平起义。新中国成立后,曾任湖南省副省长。1970年过世,终年80岁)的《告南京所有参战的官兵书》,文中表示誓与南京共存亡,说咱们学西班牙的马德里,起码要守六个月,写得慷慨激昂。我们读后感动得热泪横流,所有的官兵都写了遗嘱,都忠诚地表示誓与总司令共存亡,都给家里寄去了。我因为离婚,已无所牵挂,所以没发出什么信。

全台人都表示了决心,我们把这个决心通过要塞司令部送给唐生智了,表示响应总司令的号召,绝不撤退。龙台也都这么做了。结果打了三天唐生智就跑了。

唐生智下令,所有的船只统统没收,不准人渡江。我心里有数,你说你的我打我的,就偷着把一只小船藏到江边芦苇里去了,下好锚,派士兵轮流在那里看着。让撑船的老头就住到炊事班里,一天到晚跟着我们吃饭。

检查的人坐着船在江里看了一下,没看到这里,他进要塞还得经过我们允许。

我们甲一台官兵,除了30名拨来的农民是文盲兵外,都是知识分子自愿从军,都有十年以上的文化水平,当时觉得作为长期抗战的职业军官,终究得战死沙场,"自

古征战者，谁见几人还"，战死，还有比保卫南京而战死更光荣的吗？

东北籍的流亡官兵没有家书可以写，由我带头一起跪在山顶上，向东北方拜别故乡父老："儿子们在南京为国尽忠了，父母兄弟姐妹们莫悲伤，我们死得其所了。"又同唱："我的家在东北松花江上。"大家起立后举手高呼："日本狗，你来吧，老爷的炮对准你，打你个片甲不留！"

我又特别对那30名农民兵讲了半个小时的抗战大道理，他们就是听不懂，愣了一会儿，有的就问："长官？"我说："干啥？"他说："打鬼子啊？"我说："对！""长官，莫说，莫说，打鬼么，莫说。"我明白他的意思，打鬼子么，应该的，还有什么可说的。这河南话真的很简单，一句能说完的话，别的地方的人得说好几句。

我听了他们的回答，感动得流下了眼泪。

不久，唐生智司令给守城部队都发了六个月的粮、油，给我们拨来万斤米面、千斤食油和千发八八炮弹，这些都被储存到新挖的防空洞里。

自我们进入甲一台后，天天处于战斗状态，每天除了对空战斗，就唱岳飞的《满江红》和《东北流亡曲》。

当时上海战场正在激烈战斗，西侵日机随时会出现在南京上空，差不多一两天就有一战。日军飞机是顺长江飞来，我们认为自己有责任保护南京的上空，台附、台员们轮流当值星官守在阵地上，只要敌机飞入我炮有效射程内，也不等上级命令，开炮就打。打没打落敌机，谁也不来问我们，我们也不向谁汇报，官兵们把对空战斗看成出操一样的家常便饭。

有一次，敌机9架空袭南京，突然出现在乌龙山下的江

延伸阅读

各部队长经常对士兵宣讲历代亡国痛史，强调不当亡国奴，鼓励马革裹尸，以岳飞、文天祥、史可法为榜样，政工人员同士兵朝夕谈天，讲述爱国英雄故事，痛斥日军侵华暴行，教唱抗战歌曲。当官兵们得知被调赴抗日前线时，热情激荡，士气高昂。

——马骥《半壁山守备战》，薛岳、赵子立等著，《正面战场：武汉会战》，中国文史出版社，2016年，第107—108页

面上，高射炮根本打不着，弄得我们手足无措，后来就配备了高射机枪来控制死角。

9月中旬的一天，当敌机进入南京上空外围时，我防空部队予以还击，南京市区上空出现一片火花彩带织成的锦绣天幕。时太阳已落，看得很清楚。各种高射枪炮完全使用曳光弹，各部队使用的曳光弹的光花在彩色上、大小上、形状上都有种种区别。彩光带小者似万道银蛇，大者如千条火龙，一齐飞向天空，比正月十五灯花会放的各种花炮更好看。无数条彩带把入侵敌机团团围住，扰乱了他们的视线，敌机只盲目地扔下一些炸弹，大多落在郊外的空地上和水塘中，什么重要目标也没炸着。

10月，在我们甲一、二台及龙台、虎台之上，加设了龙虎总台部，甲二台在老虎山，甲一台在乌龙山，所以叫龙虎总台部。总台长是黄永诚上校，他是我们炮校的教官，日本留学回来的，总台附是赵勋少校，两个人都没学过要塞专业，总台部设在甲二台附近。

我军参加南京保卫战的是南京卫戍司令唐生智上将，副司令罗卓英上将、刘兴上将，参谋长周斓中将，副参谋长余念慈少将。

参战各部分别是：

第2军团，军长徐源泉所属两个师，每师两旅；第66军，军长叶肇所属两个师，每师两旅；第71军，军长王敬久所属的一个师，辖3个旅；第72军，军长孙元良所属的一个师，辖两旅；第74军，军长俞济时，辖两个师，每师两旅；第78军，军长宋希濂所属的第36师，下辖3个旅；第83军，军长邓龙光所属的两个师；江防军，军长刘兴辖两个师，每师两旅；教导总队（相当于一个师），总队长桂永清，辖3个步兵旅，骑、炮、工兵各一团；还有宪兵司令部（副司令为萧山令）、防空司令部的各高射炮部队、江宁要塞司令邵百昌所属的全体官兵和运输司令部（司令为周鳌山）。

总兵力12万人左右。

延伸阅读

　　他按照重点防卫、固守南京的作战思想,调整防守部署,将主力部队11个师及教导总队2个师,即徐源泉第2军团所属第41师丁治磐部、第48师徐继武部,叶肇第66军所属第159师谭邃部、第160师叶肇兼,王敬久第71军所属第87师沈发藻部,孙元良第72军所属第88师孙元良兼,俞济时第74军所属第51师王耀武部、第58师冯圣法部,宋希濂第78军所属第36师宋希濂兼,邓龙光第83军所属第154师巫剑雄部、第156师李江部,桂永清教导部队所属第103师何知重部、第112师霍守义部等,共10余万大军,分为外围阵地(又称东南阵地)及复廓阵地(又称预备阵地)两个层次配备兵力,排除了主动出击的灵活性。

　　——《唐生智与1937年南京保卫战》,陈长河著,《军事历史研究》,2005年第4期,第120页

　　日军大本营于12月1日根据大陆令第七号下达新的华中方面军战斗序列令,将由金山卫登陆的日军第10军编入华中方面军序列。2日,松井石根指挥所属朝香宫鸠彦中将的上海派遣军、柳川平助中将的第10军,总计约10万人,兵分多路进攻南京。

　　——《1937年南京保卫战》,胡卫国著,《档案与建设》,2021年第4期,第82页

　　1937年11月19日,日军上海派遣军第9师团凭借着优势火力击破中国军队的防守,迅速占领了苏州城,第16师团重藤支队占领常熟,这样日军基本突破了中国守军把守的"吴福线"。

　　——《江阴阻敌战的经过与得失》,张苏赣著,《日本侵华史研究》,2013年第3期,第78页

入侵南京的日寇，是日本上海派遣军总司令松井石根（注：松井石根，日本陆军大将，毕业于日本陆军大学，参加过日俄战争。上海沦陷后，改任华中方面军司令官，指挥上海派遣军与第10军攻陷南京，纵容日军发动南京大屠杀。1948年，被远东国际军事法庭作为甲级战犯处以绞刑，年70岁）大将，他带领的日军是上海派遣军和第10军。

上海派遣军司令是朝香宫鸠彦王（注：朝香宫鸠彦王，日本皇族。日本陆军大学毕业，接替松井石根担任上海派遣军司令，南京大屠杀的元凶之一，后晋升为陆军大将。日本投降后，因皇族身份逃脱审判。1981年病亡，年94岁）中将，辖4个师团。第10军司令是柳川平助（注：柳川平助，南京大屠杀的元凶之一，后任司法大臣、国务大臣。于1945年日本投降前病亡，年66岁，后被远东军事法庭追加为乙级战犯）中将，辖3个师团，恶名远扬的谷寿夫（注：谷寿夫，毕业于日本陆军大学，陆军中将，参加过日俄战争，南京大屠杀主犯之一。1947年被南京军事法庭判处以死刑，在南京雨花台枪决，年65岁）中将就是其中的第6师团师团长。另外还有战车兵团和海空军等。

现代战争主要是凭武器的优劣情况，兵数的多少仅供参考。从总的武力讲，我方处于绝对劣势，结局可想而知。

1937年11月19日，我军吴福线（苏州—福山）（注：吴福线，1932年上海一·二八事变后，为保卫南京，国民政府在上海与南京之间修筑了一条中国的马其诺防线，吴福线为第一道防线，地下工事均按照能对抗一千磅以上炸弹的标准设计）与乍嘉线（乍浦经嘉善至苏州）失守。

当天国民政府宣布唐生智为南京卫戍司令。

20日，国民政府主席林森（注：林森，福建省闽侯县人，中华民国第一任参议院议长。1931年，蒋介石因九一八事变下野，林森接任国民政府主席。1941年，代表国民政府对日宣战。1943年过世，终年75岁）发布《国民政府移驻重庆宣言》，为了长期抗战，国民政府迁都重庆。

11月22日，日军猛攻江阴要塞。

12月1日，江阴失守，很快日寇就大举空袭南京。

当天我骑自行车到南京去买衬衣、洗澡，到了中午往回骑，尚未出城，就见敌机十几架即将接近城区，听到空袭警报，我立即下车站到一棵大树下。

这时敌机已飞临城区上空，我军万炮齐发，都打的电光弹，南京市上空立即形成一个护住全城的彩光罩，将敌机完全包围于彩光弹道罩住的火海中。敌机立即向上冲出高射炮的射高以上，胡乱投下炸弹后飞跑了。

途经甲一台上空时，又被甲一台打了一阵，他们什么重要目标也没炸到，可是炸伤了一些百姓。

事后才知道，这是我军向日寇有计划进行的一次防空大示威，事先把全国可能调动的高射枪、炮都调到了南京，打完这一仗又立即驰回原地驻防。

我从未见到过这样的天空景象，抗战史上也没见有人详记这件事，以后的抗战过程中，也没再上演这一幕。这是中国抗战史上光辉的、有趣的、胜利的一页。

延伸阅读

江阴要塞一直坚持到12月1日夜里，时任江阴要塞司令部探照灯台台长的杜隆基，后来留下一篇文章，记录了当夜毁炮撤退的情况：

是夜，支援步兵突围的任务完毕，开始破坏要塞。多年建造起来的要塞一旦破坏，心实不忍，又不能资敌，只得狠心破坏。先将两架6公尺基线的实体视测远机和两架两公尺直径的探照灯，由山顶推下，然后破坏火炮，由于支援步兵突围时，射击速度较快，改装后的火炮，有的炮身前端已炸掉一截，破坏比较容易，唯甲炮和丙炮不易破坏，将炮口堵塞上泥土发射，炮身仍然是完好的，只好又派人到军机械库去拿硫酸，把硫酸倒入弹药膛，使甲三台、甲四台和丙一台浸蚀，成为废炮。我们陪同许康到各个山头检查一番。在山上，看到日军的轻型坦克已到黄山脚下公路上，向肖山行驶。早晨5时左右，我们随许康乘最后一趟轮船驶向靖江，傍晚到达泰兴宿营。

——杜隆基《抗战中的江阴要塞》，唐生智、刘斐等著，《正面战场：南京保卫战》，中国文史出版社，2016年，第89页

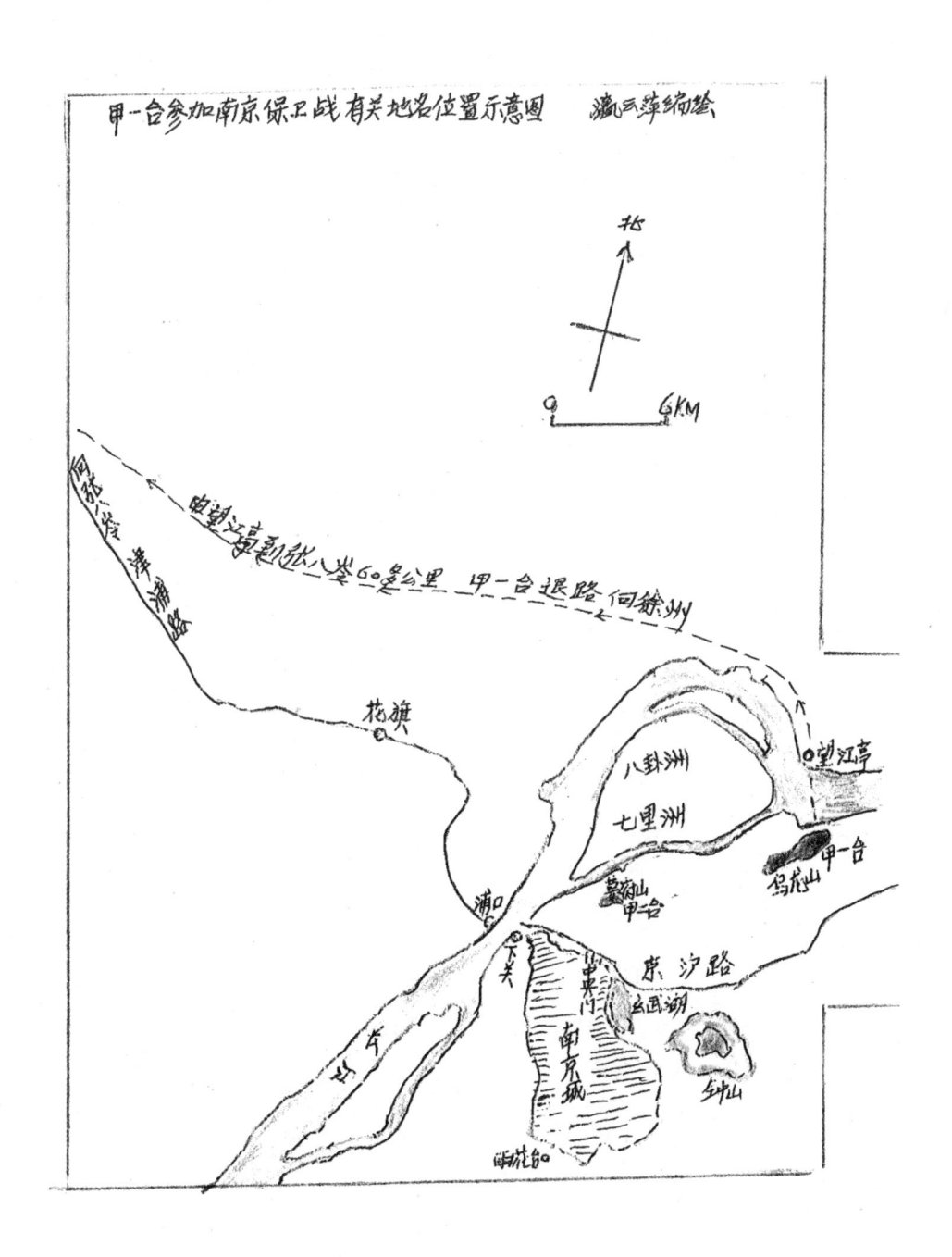

南京保卫战乌龙山甲一台有关地名位置示意图　瀛云萍绘

第九章　我们挡住了日本海军

1937年12月初，日寇进攻到南京外围。

12月7日，我们乌龙山下开始发生战斗。

乌龙山东面栖霞山上有野战军设防，我甲一台和龙台的任务是阻止敌海军于乌龙山东，以保证南京守军在长江正面的安全，并确保下关、浦口间的交通。

12月9日，敌机在甘家巷上空轰炸，被我甲一台一阵猛击后逃走。

12月10日，日军陆海空三军联合向南京城进攻，敌机又向我尧化门、甘家巷门友军轰炸，再被我甲一台驱逐。

乌龙山炮台处于最前线，其主要任务是用火力阻止江面西进敌舰。

敌舰于10日午进入我炮台前7000米远之位置，我甲一台与龙台当即予以猛烈炮击，双方交战，结果敌舰狼狈退去，在我台最大射程以外逗留，不敢前进，因之我们有余力对付敌空军。

日军攻击机很多，像蜻蜓一样满天都是，专门配合陆军作战的，寻找我们军、师司令部去投弹。

日军飞行员把中国兵看得一钱不值，甚至低空飞到步兵阵地上，还探出脑袋来，伸手比画着叫中国步兵看。有的步兵看到飞机来了就藏起来了，有的觉得"你这么看不起我"，就偷偷把机枪架起来，瞄准了就把飞机给打下来了。

11日，日军对南京城发起总攻。

拂晓，敌海军已溯江而上攻到栖霞山下，乱打我陆上守军，又向我炮台开炮猛轰，强攻前进。

敌船编队一到我们炮的有效射程，我们马上就开炮。不是一炮一炮瞄准打，那不一定能打到，也没有气势，还容易引逗它瞄准你。距离早就测好了，江边都立着牌朝着我们，白底写大字：8千米、7千米、6千米、5千米。

清清楚楚地看敌船进到有效射程了，不开炮则已，装上炮弹就是一个炮各放5发，炮手瞄准了就打，这一下就是20发，打得叮当响。

我们连续打出百余发炮弹，打得敌舰队里一片烟尘火海，水花、破件蹦起百余米高，反正弹药库里有2000发，就这么打。不到20分钟，将敌人击败，敌舰被打得慌忙后撤，我们又跟踪追击，前后打了一个多小时，直到敌舰逃出我八八炮10800米射程之外。

我们两台是江宁要塞 [注：江宁要塞，南京的狮子山上原有清末时的江宁炮台，国民政府定都南京后，以狮子山为中心，从乌龙山到清凉山沿江一带，修筑了由各种炮台、碉堡、堑壕组成的防线工事，编为龙（乌龙山）、虎（老虎山和幕府山）、狮（狮子山）、马（马家山和清凉山）、雨（雨花台）5座炮台，1937年又增设了两座现代化高射炮台，统称江宁要塞] 突出在最前方的炮台，在要塞学上称为前进阵地。但江宁要塞并不具备要塞姿态，只是一些散落的炮台群而已，打起仗来，司令部、总台部全无用处。我甲一台和龙台没有得到任何上级命令，

延伸阅读

从8月20日开始，日军飞机已经经过乌龙山轰炸南京，此时乌龙山炮台主要做高炮阵地使用。日军吃水较浅的炮艇和巡逻艇一部到达镇江要塞又被阻挡。镇江要塞死守到12月9日，最终被日本空军炸成一片废墟，镇江城又被日军攻陷，要塞才告失守。

到12月10日，日军军舰进入乌龙山要塞江面，而且进入了乌龙山要塞高炮射程。要塞炮兵立即用高炮平射，将几公里外日本军舰赶跑。其实八八炮不算重炮……如果日军开来的是重型驱逐舰、巡洋舰这类，怕是停在那里让高炮轰击也是没用。而这类军舰上150毫米火炮很多，可以轻松地在要塞炮射程外将其击毁。

——《南京保卫战》，《黄埔》编辑部，《黄埔》，2016年第1期，第16页

都是各自为战，立即还击。

从我们驻扎到乌龙山，司令部、龙虎总台部什么命令也没下达过，也根本顾不上我们，后来也不提龙虎总台部了，那是临时成立的机构，根本没有用。

接着日军改用飞机向我台轰炸、扫射，但八八炮是有名的高射炮，敌机不敢低飞，都在高空投弹，炸了一天，一弹也没炸到我炮上。

这时敌兵舰趁机前进，企图进入军舰炮能打到我台的8000米距离，但每当敌舰进入有效射程，我们就不顾空中敌机，只打敌舰。

日军海军有10多条军舰，20多门炮向我射击，打得我们山上的石头乱飞，企图冲到下关，切断南京与江北的联络，但始终被我甲一台拒止于乌龙山东，不得前进，始终无法配合其陆军攻打南京的行动。

当天，乌龙山一带守备部队第2军团徐源泉部，已退到乌龙山下边平地上和敌人作战。

唐生智知道乌龙山重要，在山底下都是派一个师、两个师保护着我们，我们不知道。我们觉得后面是空的，怎么没人上来？后来看战史才知道，乌龙山下始终有重兵，徐源泉带了4个师（旅）在我们乌龙山脚下驻守。乌龙山有十几里地长，我们在最东头的小山顶上，他们是在乌龙山地区里，中间隔了很多大山，他们的枪炮响的时候，我们没听见，隔得太远，具体作战情况我们不知道。

中将军长徐源泉（注：徐源泉，湖北省黄冈市人。1930年任鄂北"剿共"总指挥、第10军军长，参加"围剿"湘鄂西红军革命根据地。1935年，晋升二级上将。南京保卫战期间，徐源泉部先后防守栖霞山、乌龙山。后参加武汉会战，因擅自撤退，被撤职查办。抗战胜利，徐源泉退出军界，从事实业。1949年去台，1960年过世，终年74岁）亲自来到炮台了解敌舰情况，挺小的个儿，穿士兵的灰军衣，没戴领章，扎一个皮腰带，带着两个副官爬上山来的。台长认识他，我不认识。

他问李台长："我们在这山底下作战，能不能对我们进行炮火掩护？"李台长说："敌人都是隐蔽作战，我们这个炮是平射炮，不是曲射炮，掩护不了你。你们从栖霞山撤下来的时候，是我们支援的，因为山顶上我们能看见。现在乌龙山这里一个山挨着一个山，我们炮台在最东边一个矮山上，被挡住了，我们怎么援助你？"他就上炮台上看了看，说："这个炮真好。"还用手敲了一敲，问："这个炮还有个坏吗？"接着又向栖霞山方向看看前线的情况，不知台长同他说了些什么，我见他只是摇头，几分钟后，又匆匆下山去了。

徐源泉走后，日军陆军野战炮从乌龙山背后向我甲一台、龙台猛击，炮弹如枪弹那样密集，穿越我炮台上空，打得很厉害，炮打得跟下雨一样呼呼响。我在炮台上，敌人的炮弹在我跟前穿过，空气撕裂的力量把呢子衣服的扣子全都绷开了，那炮弹再错一点我就完了。

日军野炮是曲射炮，他们在隐蔽物后间接打我们，我们是直射炮，看不到他们，也打不到。

就在这之前一两分钟，李台长紧急下令，隐蔽！

接着，敌人以陆海空三方同时向我们炮火袭击，敌炮在十多里地以外向我们射击，江里海军向我们开炮，空中飞机炸，

延伸阅读

徐源泉以新兵为主的第2军团的阵地，在长江江边到紫金山北面尧化门一线，是所有守军中最靠北面的部队，也最靠近长江，他们的主要任务也就是保证尧化镇的乌龙山要塞的安全。

开战后没有多久，一股日军从侧后包抄第2军团后路，切断了第2军团和南京城的联系。

第2军团虽然基本是新兵军队，但防守也非常顽强。

由于必须死守乌龙山，第2军团大部无法撤退，坚持在此处死守，直到南京12日晚下达总撤退令，乌龙山要塞没有失陷，尧化门也没有丢失。

战斗是非常激烈的，韩浚的第144旅两个团，第288团激战后仅剩600多人，第287团伤亡更是接近1000人（一个团一般1000多人）。

激战中一发炮弹突然落在韩浚旅长身边，将他手上挂着的棍子炸断，连挂在脖子上的望远镜也炸坏了，但韩浚旅长奇迹般地没有受伤，他后来回忆认为是神灵保佑。但其他人就没有这么好运气，他的第287团团长赵我华身受重伤。

——《南京保卫战》，《黄埔》编辑部，《黄埔》，2016年第1期，第15页

打得我们这个台已经成了粉末，满天都是黄烟。

我的小观测所很矮，能坐着，不能站起来，只能待一个人，晚上放一个兵坐在里面瞭望，是钢筋水泥构造的，有桌子那么大，里面还有两发很高的陆炮炮弹，我就坐在旁边看着，往外一看，天都看不见了。

炮台上对面看不见人，尘土飞扬，黄烟弥漫，树木草木都乱成一片。敌人的陆炮炮弹打过来，远的落到江里了，近的就落到山谷里，偏点的也落在山谷里，看着那山谷里蹦起来的石头、黄土，炮台周围炸得尘土冲天，高百余米，我们的炮台全都看不见了。

炮台前后受敌，情况十分危险，这时如果有步兵冲上来，我们就完了。

可赖李台长熟悉日寇炮兵战术，在他的指挥下，全台官兵密切配合，敌人试射时，我们猛烈还击敌海军；敌炮效力射击时，除八名射手仍坐在炮塔内观测敌情外，其他人都及时避入防空洞。

我们的炮有房形的高压钢防护盾，敌人的炮弹打到八八炮滑动的房形防护盾上，只听"铛"的一声，连个凹痕也打不出来。炮弹把黑颜色炮身打得像爆花似的，但是一个也没打透，一个人也没伤，一门炮也没被打坏。

每个防护盾里头有两个炮手，他俩就在里面坐着，里边有两发炮弹，防护盾铛铛地响，射手坐在里面瞄准敌舰，它一往前就打它两发。要塞炮炮塔底下有一个轴，轴下边是滚珠，人在里头按电钮它就动，依靠电池工作。台长命令隐蔽了，外边装炮弹的人马上就进入隐蔽部，这都是我们自己挖的，每一门炮挖一个，有的士兵出来就说："不是瀛台附挖这么多隐蔽部，我们全完了。"

日军打完，认为甲一台完了，我们立即出来回敬他们20炮。双方交战数个回合，敌陆炮竟被打没了，不知是撤走了还是被打垮了。

我们立即跳出防空洞，对正向我猛击的日本军舰发起反击。当时敌军舰距我炮8000米左右，这个距离在日军军舰的有效射程内，更在我炮有效射程内。打了半个小时的对炮战后，我们将敌军舰打退了，敌军舰后撤3000米，直到都不在彼此射程内，互相才都停了火。

我们甲一台没有任何损伤。

打仗的时候咱是复仇的军队，看到日本人恨不得一下把他活吞了，你越硬他越打不倒你。

这时打电话也不通，全都炸断了。南京城里的司令部在后边用望远镜看打成这样，说甲一台完了，炮不响了。后来敌人飞机走了，陆炮也不打了，我们起来又开始打，司令部一看，怎么甲一台还没有完哪？

很多年后，台湾负责修二次世界大战史的亚洲部，和我取得联系，我才知道当时要塞司令部在给大本营的战报中说，这天我们甲一台第二次战斗就把3门炮打坏了，只剩下一门继续战斗，等等。都是胡说的，我已经给台湾回信，希望他们更正。

他们大概想象只能剩下一门炮了，就在战报里上报。实际上我们4门炮一门也没打坏，那个炮太好了，敌人炮弹打上来就是"砰"一声，炸弹的碎片打到炮身，就跟扬把沙子似的，炮身的黑漆都被打花了，大块炮弹炸到防护盾上，它就自己打转泄力，炮弹是旋转着飞的，碰到这儿一转，防护盾受到的撞击力就小了。

11日和敌人打了一整天，我三顿饭都是在阵地上吃的，一分钟也没能离开炮位。

乌龙山要塞那不能叫要塞，就是个炮台，不合乎要塞构筑原理，但敌人海陆空三方联合轰击，也没能把我扑灭。

敌人可能以为我炮后方必有坚强守备阵地，不易攻下，实际炮台上只有我们第一批出任台官的八个要塞专业生，都

延伸阅读

由于江阴阻塞线几百艘沉船的存在，日军大舰根本过不来，能够过来的都是轻型军舰，没有大口径火炮，不是八八高炮的对手。

11日，日舰又试图偷袭，再次被一顿乱炮轰炸。日本海军要求空军轰炸机支持，却被告知，目前空军全力攻击陆上的雨花台、紫金山等阵地，无暇攻击乌龙山要塞，海军只得作罢。

——《南京保卫战》，《黄埔》编辑部，《黄埔》，2016年第1期，第16页

是从课堂上调到火线上来的。

11日晚，唐生智接到蒋介石撤退命令。

12日早上，发现龙台一炮不发，我说："怎么龙台的炮不响了？"龙台有6门炮，大台4门炮，还有个小台2门炮。打电话过去也没人接。甲一台距离他们就一百多米，中间有森林，我们就派了一个准尉台员，让带几个兵去看看，他就去了，回来说："龙台跑光了，现在乌龙山就剩咱们自己了。"

龙台的官兵全体临阵脱逃，并且是带着家属走的，连贵重物品也都带走了，看样子是早有准备。他们的家就在炮台下的山沟里，已经住了几十年，人也换了好几代，都是靠炮台吃饭的，唐生智发下的六个月的粮油军饷，正好给他们准备了逃亡的旅费。

我们说："好，就因为他们这些人不可能抗战，我们才成立了新的干部训练班。"

我们都是志愿兵，因为谁也不愿意上这来，守这个炮台没出路，要是一辈子不打仗，你一辈子升不了官。

江宁要塞司令部对他们的逃跑不闻不问，我打电话报告司令部参谋处，我说："他们全体脱逃，你们以前一点看不出来吗？"司令部的参谋回答："哎呀，那原来就是将就的事，那是清朝留下来的老炮台，破炮留到现在就是对付，跑就跑了吧，不跑也没啥大作用。"

我一听，也没啥可说的了，骂了一句"该死的"，放下电话。

司令部也不指挥我们，我们打仗这几天里，他们一个指示也没有，都是台长在指挥。跟司令部电话联系都是我找他们。我跟司令说话，司令说："我没啥说的，你们自己看着办吧。"他也不是学要塞的，也不懂要塞，也不知道八八炮怎么用。我问他，有没有什么指示，他说："没有，你们打得挺好。"

龙台的官兵跑了，我们山后作战的徐源泉部也退往复廓守城去了，5公里长的乌龙山上空荡荡的，就剩我们甲一台4门炮在守着。4门炮分两部分，两门炮打空中，两门炮打敌人海军。

这天我们打落了一架敌机，所有人都看着它起火掉下去了。

甲二台在老虎山，被围在城里了，主要帮着部队打陆战，飞机它打下来的多，能打下有四五架，我们总共打下两架来。敌人飞机来都是从东面上海飞来，我们在最东边，一定得经过我们的上空，我们看到飞机就打。

后来得知这天上午10时，我雨花台要塞炮台被敌步兵攻入，炮也被打坏了，全台官兵殉国，雨花台就在南京城大门外。

马台全部牺牲了，一个也没出来。

12日中午，我甲一台情况恶化了，敌陆军炮、海军炮、空军飞机联合向我甲一台进击，重磅炸弹炸得天昏地暗，烟尘飞起一百多米高。

八八炮只能打30度，没法打头顶漏斗口上的飞机，就在旁边设置两门37毫米小口径高射炮，专门负责打飞到我们头上漏斗口来轰炸的飞机，他们向敌机猛烈射击，敌机也害怕，知道高射炮的厉害，一般不低飞。来的时候是顺着江边平地来，都是3000米、4000米以上，瞄准了把炸弹扔下来，这么一个山，山顶上4门炮，它的炸弹扔这边掉江里了，扔那边掉山谷里头，一发也没扔到炮位上，下来都是偏的，投了百余颗，都落到江里或山沟里。

等敌机投完炸弹，飞离正上空后，我们就跟踪打它。敌机被我们打下来一架。

我们以两门炮对空，两门炮对江，又苦斗半日。

12日下午，战况进一步恶化。江面无变化，敌舰仍在我台最大射程以外逗留。

地面各方守军在日军陆空联合攻击下，中华门、中山门、雨花门、水西门、安德门、光华门先后被攻破，部队纷纷要求我们支持。根据他们所提供的敌方位置，我台予以回击。由于方位不准确，结果炮弹落在我方阵地上。

另据时任第 71 军第 87 师副师长兼第 261 旅旅长陈颐鼎回忆，12 月 12 日，"9 时许，又有乌龙山要塞炮向中山门城内外盲目射击，有些炮弹竟落在我们阵地上"。

我甲一台对江、对空的任务一直打到 12 日午后，南京保卫战进入尾声。

台长在观察所里指挥，我掐着电话和要塞司令部联络，正跟要塞司令部的参谋说话，就听到那里面噼里啪啦、乱七八糟的声音，一听就是收拾东西要跑了，然后吧嗒，电话没有了，再怎么摇也没有了，我说完了，司令跑了。

再打电话给龙虎总台部，也没人接电话，总台部被人家先解决了。

下午 3 点，我遥望到南京城方向有几处起火了，知道南京已经没有了，一切都完了。乌龙山距离南京城 22 里。

时敌已越过我甲一台的后背直扑南京城。

日军把南京攻下来了，也没敢围甲一台，我们打得硬。我们发现敌人远处的目标，不是打一炮试试，而是测准了方向，一下就打 20 发，每个炮打 5 发。离老远看着日军黑乎乎一片人，全倒下没有了，打死的日本人不知有多少。我们在高山顶上，周围 10 公里都在我们控制范围内。

敌人被我们打怕了，认为乌龙山一定很厉害，山上一定还有埋伏，就不攻坚，把乌龙山剩下，去打我们后边了。

要塞炮兵是没有近战能力的，按照要塞作战原则，后面是要有守备队的。而江宁要塞司令部，从司令、参谋长到参谋，谁也不知要塞应怎样编成，要塞应怎样打仗，所以我们江宁要塞区一个守备队也没有，每个炮台后面都唱空城计，日军只要用一个连从后面杀上来，我们就

延伸阅读

战至 12 日中午，日军已经攻陷中华门外雨花台，紫金山第二峰也失陷，其他各城门也非常吃紧。

徐源泉第 2 军团一部防守乌龙山，也遭遇日本陆军猛攻。日本炮兵还架起野炮向山炮炮台猛轰，乌龙山要塞炮立即还击，他们的火炮口径大，居高临下威力也大，很快将日本炮兵赶走。

但要塞炮根本不是用作陆地射击，所以从来没有测算过，导致一些炮弹没有打准，落在了第 2 军团阵地上，造成轻微的人员伤亡，这也就是一些我军官兵议论的要塞炮乱射。

——《南京保卫战》，《黄埔》编辑部，《黄埔》，2016 年第 1 期，第 16 页

只有死这一条路。可能敌人没有想到这一点，日本陆军居然舍弃我们没攻，绕过我炮台直接奔南京去了。

下午5时，因为后方空虚，我负责警戒方面的事，就到台下山南脚下巡查，听不到徐源泉集团军方向的枪声。只见徐部的一个上尉侦察官向我走来，他穿着灰色军装，我们军政部直属部队都穿黄呢子军装，他看我是"中央军"，在远处就向我举手敬礼，然后向我问路。我一听是东北人，答话之后，他听我也是东北口音，走到跟前说："他妈的，打个啥劲？咱们整啥？能整过小日本吗？"

我一听，心想这个东北军的旧军官，一脑袋亡国奴思想，一点斗志没有，徐源泉的军队怎么这么落后。他要去江边，问我哪有路，我没告诉他，就给他随便一比画，把他指挥到大山里去了。

抗战时候的军阀部队根本不行，比不上黄埔。我后来遇到不少东北籍的旧军官，思想很落后，整体来说，比黄埔系的师生落后很多。

我接着到伙房去看烙饼做好了没有，走到伙房附近，听到路旁草地里发出哀叹声。顺声一看，见一伤兵卧在草地上，小腿打伤了不能行走，是广西兵，初中毕业，就在乌龙山下负伤的，部队转移未能把他抬走，他爬到这里爬不动了，躺着等死。

我说："你不怨恨你的长官吗？"他说："带着我，又得减少两名战斗员，形势所迫，有什么可怨的，为祖国战死理所应当。"他说到这里，我流泪了，与刚才遇到的那位东北籍上尉比，这个兵比他高贵千倍。

我把这位伤兵扶着坐起来，说："你在这里等等。"然后到伙房拿了三张大油饼、一碗开水，让这个伤兵吃喝完了，我说："我们也要走了，你带着这个碗，这两张饼，爬着去找个百姓家，换上便衣，伤好了能走路了再设法回家。"又顺手拿了5元钱给他。太阳西下的时候，我回到山上。这时我的电话响了，我天天架着电话在那儿联络后方，一听是邵百昌司令，不知道他在哪打的电话，肯定不是在司令部里打的。他说："你现在怎么样？"我说："现在台长在前面指挥打仗，他不能离开，我跟司

延伸阅读

据第 2 军团第 48 师第 144 旅旅长韩浚对当时战场情况撰文回忆：

我军由于新兵多，战时盲目射击，弹药消耗很大。而我们粮弹补充点指定在南京城内，军部师部领粮弹的军需人员有去无回，电报电话不通，城里的情况及各友军战斗的情况全不知道，派赴各方面的联络参谋也无人回报。当第 144 旅的弹药快到山穷水尽的时候，散兵传来敌军攻进南京城的坏消息，更感孤军作战之苦。经徐源泉军长决定，全军于 12 月 13 日从周家沙、黄泥荡两码头渡江，经安徽回湖北。

——韩浚《第二军团驰援南京述要》，唐生智、刘斐等著，《正面战场：南京保卫战》，中国文史出版社，2016 年，第 161 页

战至 12 日 17 点，南京已经下达总撤退令，乌龙山要塞也奉命撤退。

当时日军正在猛攻乌龙山，徐源泉第 2 军团因为一直驻扎在江边，私下搞到不少船只，一部已经在江边撤退，剩下的部队看来抵抗不了多久，有情报说日军飞机马上就会来轰炸乌龙山。以镇江要塞的前例，乌龙山要塞看来是守不住了。

当时日本军舰仍然被阻挡在乌龙山江面外围，由于还有大量水雷存在，他们夜间是绝对不敢在江中行进的。而如果一到白天，日军轰炸机一来，乌龙山要塞肯定被炸毁，防守也没有任何意义。

——《南京保卫战》，《黄埔》编辑部，《黄埔》，2016 年第 1 期，第 16 页

令汇报战况。"

还没说几句话，忽见龙虎总台部总台附赵勋少校一个人来到我们炮台，说了一声："瀛台附，你同谁说话？"我说："司令官。"他马上就把电话筒接过去了："报告司令官，我是赵勋，总台部被击溃，总台长黄永诚过江侦察阵地，下落不明，同长官部也失去联系。"

实际上是总台长黄永诚跑了，总台部让人家包围打垮了。

邵百昌司令马上命台长李诚中接电话，李诚中接完电话，瞬间电话就无人说话了，司令官邵百昌也走了。

台长李诚中向全台官兵说："司令官命令，任命总台附赵勋晋级中校，为龙虎总台部代总台长。"

代总台长赵勋就笑了，说："到这个时候还扯这个，这就是要我死。"

赵勋是黄埔第6期工兵科毕业，和我们台长是同期，他说："总台部叫人家解决了，我就听你们的炮响得最厉害，知道还在打，就来看看。"

他向台长李诚中敬个礼就走了。

这时夜幕降临，东南方的枪声依然激烈。

我和台长两个人就商量，咱们的长官全没了，隔壁的龙台也跑光了，就剩咱们两个带着这一百多个人的孤军。走吧，没得到撤退命令，军人没得到命令擅自撤退是死罪。

正没办法呢，赵勋又回来了，对我们说："你们走吧，司令部撤走了，全南京城都失守了，只剩你们一台孤军，再打，也只有全部牺牲。你们是特殊技能的要塞高射炮兵，后边还有炮台，国家还要设要塞的，要塞科干部训练班的这些人是咱们中国第一批专业人才，必须保存这些受过特殊训练的有生力量，你们不能牺牲，你们赶快走，相机撤退到武汉要塞科报到。日本人把我们包围了好几层，只有江面还能通。"

台长李诚中说："那不行，请代总台长给我一个笔记命令，我没得到撤退命令。"

代总台长说："我也没接到撤退命令啊！"他想了想说："好吧，总

第九章 我们挡住了日本海军

台长跑了，司令部电话断了，我到这来了我负责。我虽然没得到命令，要枪毙我去，我给你写一个。"他拿出笔记本写了一个命令："毁炮！撤退！"交给李诚中，说："我给你们命令了，你们撤退吧，我还得去看看虎台有没有人剩下。"然后就自己下山走了。

他这个代总台长一共就当了十几分钟，但他下的命令就算数了，就得进入档案。

后来才知道，唐生智司令长官已于12日下午5时向全军下了撤退命令，决定大部分从各门突围，小部分渡江北撤，各部撤退时间都有具体规定。可当时我军已多数被敌击散，通信设施被破坏大半，命令怎么传达下来？大部分部队没有得到撤退命令，各城门又突不出去，完全置全城守军于死地。

南京撤退很少有人得到命令，而接到撤退命令的部队，就没有按规定时间执行的，早就各找退路了。由于城墙封闭，城里部队连突围空隙都找不到。而敌人见我阵地一动摇，立即加紧攻势，我军秩序大乱，多数部队完全散花，指挥系统失灵，根本就谈不上撤退战术了。

撤退命令下达后，早得到命令的从城围突出去走了，少数行动慢的、没得到命令的，都向江边方向逃走。可江中船只早被唐生智撤走了，走到江边的官兵知道无法渡江，有的投江自杀了，有的就往回跑，本想拼死抵抗，但是无人指挥，不能成阵。

当晚9点，唐生智和司令部官员乘船渡江跑了。

这时天黑了，7时左右。

台长就跟我合计："南京已经陷落了，咱们现在怎么办？"我说："陷落了，咱们也得在这顶着，绝不能叫日本

延伸阅读

17时，唐生智召集各部将领开会，传达蒋介石的命令，周斓向与会者通报战况，征求意见，散发事先拟制的撤退命令，规定第36师负责掩护司令长官部及直属队过江，而后自行渡江，其余部队分别向广德、宣城、芜湖方向突围。会议只开了20分钟。会后，因时间仓促，有的部队按计划行动，有的部队未接到命令，仍与日军进行战斗，一时造成上下级脱节、官兵脱离的混乱状态。在此危难之际，卫戍军仅有少数突围成功，大部惨死于日军之手。

——《1937年南京保卫战》，胡卫国，《档案与建设》，2021年第4期，第86页

海军上来。"我说："咱们一动，十万大军往哪退？日本海陆空三军攻南京，他只有陆军能到下关，空军封锁下关江面不容易，如果我们一撤走，敌舰就会冲入下关，我们守南京大军的退路就没了，一个也退不出去。咱们坚持一个小时，就不知要救活多少友军。"我说："现在库房里还有1000多发炮弹，咱们走了就都扔了，打。"

我们于是手拿着撤退命令，继续向敌海军发炮轰击。就在这顶着打，炮筒热得不能再打了，就用凉水抹——打到这个程度，我耳朵就是这时候震坏的。

就这样躲躲打打，打打躲躲，直到深夜。日军打不下我甲一台，海军一直过不了乌龙山。我们这支文化自愿军硬是顶住敌海军，以救南京的撤退部队。

顶到深夜，双方都停止了射击。

天很黑，从山顶看，城里火光四起，传来断断续续的枪声。因江中布有水雷，敌舰仍在原地未动。

直到午夜，我们才把瞄准具卸下。

一直到最后，我们的八八炮一门也没损失，都是我们临走的时候破坏的。那炮太坚固了。那些电动零件都用锤子给砸了，那些设备都是很精密的仪器，

延伸阅读

王耀武时任第74军第51师师长，后来撰文回忆南京守军从下关撤退过江的混乱情景：

我出了挹江门，走到下关江边，看到各码头上的人很多，如同热锅上的蚂蚁到处乱窜。江里只有极少数的船只，无船的部队见船就抢，也有互相争船或木排而开枪的，有的利用一块门板或一根圆木而横渡长江，有的看到过江无望而化装隐藏在老百姓家里。我无船过江，正着急时，遇到军部张副官，他急忙对我说："军长和冯圣法等都已过江了，军长见到战事失利，早派人在浦口预备好了一只小火轮，这只火轮每次可以装300多人，叫我来接你和部队。"我即带着一部分人上船过江，同时立即加派师部副官主任赵汝汉带着一部分武装兵，协同军部张副官接运第74军的官兵。经一夜接运及自行设法过来的约5000人，武器损失殆尽。至13日天亮，敌人的兵舰已在下关八卦洲的江面上横冲直撞，来往逡巡，并用炮向我利用船只、木排、门板、圆木等渡江的官兵射击。被敌炮火及敌舰撞翻淹死的很多。13日南京全部被日军占领，开始了惨无人道的大屠杀。

——王耀武《第74军参加南京保卫战经过》，唐生智、刘斐等著，《正面战场：南京保卫战》，中国文史出版社，2016年，第168页

很小，铁锤子一锤就砸坏了。还有些设备，怕日军恢复，我们都带着准备扔到长江里。我们的炮毁得很彻底。

最后，我们又在炮位上立了几个兵型，把军衣挂在炮位附近，佯装人还在。再把棉被卷成卷，一端接上炸药包，放在弹药库里，一端用棉被卷引出 4 米长，点燃暗火让它慢慢烧向弹药库，等我们走远了再爆炸。

伙房烙了 200 多个油盐饼，全台官兵走向伙房领取烙饼，然后走入山沟小路，离开炮台。

我心似油煎，不觉悲从中来，顺口吟出一句《浪淘沙》："无限江山，别时容易见时难！"我哭了！有些战士也哭了。

台长李诚中一看说："弟兄们不必伤心！咱们会打回来的，中国不会亡，中华民族不会亡！"说完他也泣不成声。

南京沦陷了，凡有一点爱国主义思想的人，谁不痛心？全台官兵公吊国殇，我们流着泪，顺着一个山谷下山，退到江边。

后来我看到战报，说乌龙山被包围了，战死了 1 万多人，乌龙山炮台的都战死了，还有川军支援——没有这个事，我们全台 153 个人，一个受伤的人都没有。

步兵根本没有保卫乌龙山，只是在乌龙山下边打的，敌军也没包围乌龙山，战报都是司令部的参谋做的，他们跟着司令跑了以后，做假情报往上报。至于龙虎台总台长潜逃的事，他们都没敢写。总台部在虎台那边，在幕府山后边。

之后还有的文章说龙一台、龙二台，乌龙山只有甲一台和龙台，龙台只有一台，没有龙一台、龙二台。

探照灯员郭炳林比我小两岁，那年我 25 岁，他是文学生高中毕业招来的。这些文人军官心里都特别紧张，下山时怕遇见日本人，都走不动了，腿都发颤。我说："小郭别害怕，怕什么？要是遇见日本人，咱们不是还有枪吗，不怕。"

从山上下来转个圈有个小道，小道就像个胡同，直接通到江边，江边有一处比一间屋大不了多少的平地,我们下到那个平地里。

特务长带着几名战士去苇塘里,找提前藏匿在那里的雇船,这条船就把我们救了。

正在这时,从山沟的一条小路走来一个野炮连,只有马匹、兵员,没有炮,军官们都跑光了,由一名中士班长率队,把炮闩、瞄准具也都带出来了。中士见到我们几个穿黄呢子军装、佩戴短剑,就跑向我们,举手向台长李诚中敬礼,满脸泪水地说:"报告少校!我叫陈景福,我们炮兵连的官长们都跑了,战士们也都要逃散,我主动出来指挥全连打了一阵,又把全连带到江边,打算撤往江北。请问少校,我怎么办?"

我们几人都竖起大拇指说:"陈景福好样的!"

李诚中台长说:"陈景福,我任命你为此炮连的中尉连长,连内官员由你自己任命。咱们没有大船,马匹火炮不能装运,把马都杀了,火炮沉入江中,队伍乘小舟随我们过江。"当场用笔记本写了命令,盖上公印与私章,交给陈景福。

我从兜里摸出过去的中尉领章,亲自给陈景福戴上,炮连全连的班长一起举手向我们敬礼说:"谢诸位长官。"

陈景福连长立即指派了该连的排长和班长,跟随我们准备渡江到江北。

渡江前一点名,伙房在当地招来的八名炊事兵都跑了,只有我们从炮校带来的炊事班长在。

我们分为两批渡江,在江上,看到从上游漂下来的官兵和老百姓的尸体不计其数。我们都流泪痛恨唐生智,是他下命令把江中船只撤出南京江面的。

船到江心,我们把炮闩、瞄准具都扔到江中,野炮连的也都扔了。

渡江后,我们在望江亭稍事休息,我们甲一台全体同陈景福连共200多人,向六合方向前进。

天将亮时,我们在江北走出很远了,敌舰队仍没敢通过我炮台前,

延伸阅读

乌龙山守军在凌晨最终撤退到江边，他们将所有火炮的关键部位拆除，留下的大炮只剩下炮管和炮座。

他们刚刚走了没有2个小时，也就是天刚刚亮，日军大量轰炸机扑过来对乌龙山猛烈轰炸，将这些废弃的大炮全部炸毁，要塞也被炸塌。

直到这时，日本军舰才敢慢慢地向要塞前进，其间还缓慢地排除水雷。

最终这批军舰直到13日下午才赶到挹江门外的长江江面，当时我军已经有2.5万人从这段江面撤走，其实如果不是唐生智的无能和荒唐，本来还可以在撤退时多走至少2万人，将聚集在长江边等待撤退的几乎所有官兵都撤走。

乌龙山要塞为他们争取了最关键的15个小时。

——《南京保卫战》，《黄埔》编辑部，《黄埔》，2016年第1期，第16页

倒是派来了一群飞机，向我们甲一台施以猛烈轰炸。我们拿着望远镜，看到这次飞机来得多，有几十架，炸得昏天黑地，全山头白茫茫一片。但是4门炮还在，4门炮塔的房形防盾与伸出的炮管仍依稀可见，那个炮管有2.6米长，都是很厚的高压钢制造，可见德国武器的优良。

我们一撤，敌人海军就进来了，日军海陆空三军打南京，就让我们这个炮台把海军给堵在这块儿了，一直顶着日本海军没让它参加南京会战。

后来国民政府查战功，直到我在黄埔当了中校教官，还在查这个战功，所以我升上校，报上去就给准了。

武汉在南京西边，往西去没有铁路，有船，谁敢坐？日本海军马上就过去了。

依台长主意，要往西徒步撤退。我说："咱们是炮兵，以前没有过步兵和骑兵的训练，一天走不动多少路，非让敌人追上不可。咱们坐火车向东北方徐州走。"他说："那么走行吗？"我说："只有这么走，才能出其不意。敌人绝不想到我们会往徐州撤退，所以也不会追我们。"

我们就往西北向津浦铁路方向转进。

途中经过的地方，有许多中国军队设卡，收缴散兵和枪支，甚至连我们200多人的武装队伍都想收编。遇到这种情况，我们立即展开队伍，摆出战斗架势，严正警告他们："我们是'中央军'的'中央军'，军政部直属部队，你们敢于对我们不利，我们立即电告军政部对你们严惩、捕拿！"对方于是立即

让路。

我们走了三天,到了张八岭铁路车站,正赶上最后一列向北撤退的火车,火车上拉的都是后勤物资,还扔下很多运不了的粮食和军需品。我们每个人都拿满了食物,上了火车开赴徐州。

我们到达徐州下车弄点吃的,立即转车前往郑州。

途经兰封车站时,是早晨4点多钟,天将亮,正睡得迷迷糊糊的,从炮校带出来的兵报告说,有人跳车跑了,我们就起来了。

原来那30名农民新兵,原本是兰封、考城两县的农民,现在火车刚好路过他们家乡,他们就跳车想回家去,有动作慢的还在栏杆上没下去,还有摔到地上叫唤的。

逃兵依军法都当枪决,临阵脱逃,他们这就算是犯了死罪了,我把枪掏出来,站在车皮边,对准跳车的逃兵想开枪打死几个。这时台长李诚中也起来了,来到我身边,他也把手枪掏出来了,同样把枪口对着逃兵。这时候我用胳膊拐了他一下,说算了吧。

我想的是,这些老百姓平常受地方官的敲诈勒索,过着贫困的生活,现在打仗时候用人家的劳动力,把他们强迫征来送到火线上抗敌。他们这次在南京与我们同生死,共患难,南京死那么些人,咱们没死,都一块辛辛苦苦逃出来了,现在他们要逃回家,虽

延伸阅读

南京撤退时,中国军队各部十分狼狈,时任第83军军部参谋处长的刘绍武,后来撰文记录了第66军军长叶肇在部队被冲散后的只身逃难经过:

第二天,看见京沪公路上有不少三五成群的难民往来,他们即混入难民中间东行。走不多远,遇见一队鬼子由东往西,他们只好硬着头皮迎上去,希望侥幸过关,不料狭路相逢,日本兵看中了他俩,要他俩挑担。黄植南先挑,勉强走了六七里路,佯装脚痛走不动,被日本兵踢了几脚,他就索性装死。于是,一个日军上等兵的行李就落到国民党军长叶肇的肩上。叶肇生平未尝挑担之苦,忽然压上几十斤的东西,确实难以走动。日本兵看他胡须长长,不能胜任,只好另找壮者代替,他才得以解脱。吸取这次教训,叶肇采取远离交通要道躲过风头再作打算的办法,在京沪公路的一个小村镇里躲了若干天,摸清敌情,逐次接近上海,遂由上海搭轮回粤。

——刘绍武《第83军南京突围记》,唐生智、刘斐等著,《正面战场:南京保卫战》,中国文史出版社,2016年,第291页

然有罪，但怎么也不能叫他们死在自己人手里。

我猜台长想的也和我差不多，我们就把枪收起来了。

我和台长都哭了，就招呼他们，说："孩子们啊，慢慢走，别摔坏了。我不打你们，将来鬼子来了，占领你们这个地方，你们待不下去的时候，再去找我们两个人，你们总是我们的旧部。"有的兵跑着听到我的话，回头就跪下来磕头。

车上还有没跳下去的，我说："你们都下去吧。"

一样的艰苦一样的困难，我们炮校毕业同来的 120 名同学士兵，没有一个动摇的，这些人在后来的抗战中，没听说有一个开小差的，也没有一个退伍的，知识就是力量在这里得到了证实。等到抗战胜利的时候，有的已经当到团长了。

车到郑州，又原车开赴武汉。

到武汉时，军政部要塞科正给我们甲一、二台的同学们开追悼会，认为我们都"成仁去了"，忽然看到我们甲一台全体来报到，都喜极而泣。

一到武汉，探照灯员郭炳林就走了，不干了。

我们向要塞科把代总台长赵勋的撤退命令上交了，他也到武汉了，在江防指挥部任中校参谋，已经把我们甲一台的作战表现如实报给了要塞科。

但甲二台不见来人。

直到过了十多天，甲二台的官兵才陆续到来，最后到的是甲二台上尉台员高铭烈，是我的炮校同学。他在全台被击散后，跑到城里换便衣，混入饭馆充当堂倌才幸免于难，后来夹杂在难民中逃了出来。

他对我们痛哭流涕地讲述他亲眼所见的南京同胞被屠杀的种种惨状，以致哭昏几次。他哭，我们听的人也哭。对我来说，14 年抗战就是一部血泪史。

南京保卫战，我军面对绝对优势之敌，不是命世之才当大将，是不可能战胜敌人的。

历史上有很多以劣势兵力打胜优势之敌的战例，但是南京战役中，主将唐生智智在何处，勇在何处？当时受唐生智指挥的都是名将，如孙元良、宋希濂等都是我的熟人，并非庸才，结果打了这样一场窝囊仗。

参加南京保卫战的兵，只有11万陆军和不到2000人的要塞军。国民政府当时根本就没想守住南京，也不可能守住南京，只是迫于一些根本不懂战略也不负责任的过激分子，甚至是别有用心者的舆论以及国际观瞻，打一打表示表示而已。因而所用非其人，所行非其道，付出了空前的惨痛代价。

唐生智于12月8日晚把所有的守军都调守复廓阵地，让敌人来个笼中抓雀、罩里捉鸡。他在12日下午5点下令撤退时，城里的兵已无路可退了，早得到命令的从城围突击走了，行动慢的和没得到命令的未能从城围突击出去，都向下关江边方向逃走，而下关方向的江中船只又早被唐生智撤走，故意阻断守军的退路。

这就是唐生智"置之死地而后生"的兵法，破釜沉舟决死战，把全体官兵都置于死地，而他自己则逃过江北去了。如果他不跑，真的与南京共存亡，全体官兵都不会撤，谁也无怨言。但是明知最后必败，败后必撤，为什么还要把十余万官兵置之死地呢？又让南京全城的百姓陪死呢？被围在南京城里的官兵，只有极少数换了便装混入老百姓中幸存下来。

他是不可饶恕的。

官兵到了江边逃不出去，又无路可走，有的就投江自尽了。还有的跑到江边看无法渡江，又跑回来想拼死打出去，可没有高级军官指挥，不能形成阵势。

据其他逃出南京的士兵讲，13日敌军即进城，拥挤在下关的散兵仍不计其数。

敌军向下关追击，一路遭到零星抵抗。

据说有位身着黄呢军服的上校军医官服装整齐，两条金线、三枚金星闪闪发光，在江边被散兵们围住，大家喊着："长官，你指挥我们回击抵抗一下不好吗？不然，咱们只有死路一条了。"上校说："我是军医，不懂军事。"士兵们说："只要您命令我们打就行。"上校同意了，于是他振臂高呼："弟兄们，向鬼子打呀！"

走投无路的散兵们一齐大喊一声"好"，立即卧倒开枪。追击的日军，如虎赶群羊，正得意洋洋往逃难的人群中放枪，把杀中国人当开玩笑，突然出其不意，被军医上校指挥的拼死战士打得伤亡惨重，立即溃逃。

这一战救了很多渡江部队，当时天色已暗，抗击的战士们拥护这位军医上校向西撤走，可惜未能传出这位上校的姓名，后来也没人记录这件事。

任南岸砲台少校总台附	当此重任？可刘司令就看非我不行。于是找我谈话，说由周参谋长兼总台长职，不到任。由我任少校总台附襄员总台全责。于是我问刘司令建议说："我资历浅、年太青，何不由甲五台柏台长来当总台附，我去甲五台任台长，更好些？"司令说："不行，我深考虑过，他虽是砲校生，但他不是砲校要塞毕业生，又没有要塞实战经验，与军政部要求不合。你虽资浅年青，但与军政部要求的条件相合，而没要塞战砲的经验，这是无价之宝。加上你抗战到底的志向与实干精神定能胜任"。司令当即给柏台长电话，说明此事，柏台长当即向司令表示，他完全同意，于是上报军政部立即得到批准。我上任后，几天时间就建立起总台部，三位资深年长的台长都支持，我的工作没受到任何阻碍。我在江阴要塞作战时，有汉奸为敌人打信号枪指示目标，于是我对黄鄂要塞区内的居留者，作了一番访谋工作。
武汉会战	长江下游的马当、湖口、田家镇诸要塞都相继失守了。敌海陆军渐进逼到我要塞前十多公里的地区。敌空军不时出现在我要塞上空。我的主义是"见影就打"，所以对空战斗天天有。我要塞除甲五台大高射砲外，还配备有各种小口径的高射砲和高射机枪。 黄鄂要塞位于武汉市长江下游九十华里的位置，在武汉会战中要确保长江，不能让敌海军冲过葛店镇，同南京龙虎总台，主要是甲一台的任务略同。

瀛云萍手稿

（武汉会战）

第十章　武汉会战，再战黄鄂要塞

我们甲一台、甲二台两台官兵先后到武汉有300多人。

甲二台在城里的老虎山炮台，敌人攻打南京把他们包围了，他们牺牲了一部分，很不容易才冲出来。

短兵相接炮兵战斗力弱，没有长枪，只有卡宾枪，子弹太小，打得又近，比手枪强不了多少。卡宾枪一只手也能打，两只手瞄准也行。装上子弹，扣一下响一声，连响。那个枪很先进，很轻巧，一般部队没有这个枪。

有一天，原龙虎台总台部总台长黄永诚找到我，因为我是他教过的学生。他说："小瀛，你给我做个证明，我明天在大三元酒楼请你们全台的官长吃饭，大家能不能来？"我说："我可不敢保证，不过老师找到我了，要我给你证明什么，我给你盖章。"他说："证明我到江北是去侦察阵地。"我说："那说不通啊，要塞炮没有轱辘，是安装到地上不能动的，要塞炮在江南，你到江北侦察什么阵地？"他没学过要塞，也不知道。我说："你这么一说，人家军法处一听就是胡编啊，怎么能行呢？"他说："那炮还不能动啊？"我说："你说的那是野战八八炮，不是要塞八八炮。"

我回来跟台长李诚中说："黄永诚遇见我了，说请吃饭，要我给他盖章证明他不算潜逃。他是我们班的教官，你说我怎么办？我就说，如果上面问，到时候我可以说你过江了，不过江就得被俘虏了。"

李诚中台长说："不用去，你给他盖章了没有？"我说："没有，我答应如果军法审判了,可以给他证明。"

实际上他是叫敌人步兵包围了,就跑了。但我们还没跑呢,他先跑了,他应当有不畏牺牲的觉悟,不应当跑。同样情况下,赵总台附就没过江,人家一看部队被围了,打散了,得先看看部下,甲二台已经被打垮了,他就到乌龙山来看甲一台了。

我们已经跟日军打响了,龙虎总台部成立的命令才下来。那些人就想运动当官,他们光在军校当教官,没打过仗,这是个缺点,所以这回想挂个名,没承想挂名这几天,就像唱戏似的。

黄永诚当总台长,我们在乌龙山炮台没看见过他,他就在总台部待着,那是大后方。他跑了也没被追究,要塞科科长跟他都是炮校教官,所以要塞科没上报黄永诚潜逃,以后这个事也没人提了,他后来当了通信团团长。

要塞炮兵归军政部直辖,我们到武汉军政部报到后,1938年2月,我们甲一台、甲二台的军官和部分士兵拨归武汉江防司令部使用,我任上尉参谋。

1937年底,当南京保卫战正在进行时,在武汉就成立了江防司令部。1938年初,改称黄鄂要塞司令部,司令部设在武昌市内,后来迁至葛店镇杨家苑村牛家祠堂。司令是刘翼峰少将,他是北方人,陆军大学毕业;参谋长是周保华上校,参谋主任李佩珩中校。司令部的编制有参谋室、军需室、军械室、副官室等。

黄鄂要塞司令部之上设有江防指挥部,指挥官是原江宁要塞司令邵百昌中将。

我们两台12名军官经过司令刘翼峰将军谈话后,只选用我一个人任司令部参谋。南京撤退时在长江边临时提拔的连长陈景福到司令部当副官,因为他当连长确实不行。又从陈景福带的连里选了部分士兵留用,其余都退回军政部。

这时,刘翼峰的江防司令部还设在武昌,命我跟随周保华参谋长到葛店镇杨家苑村牛家祠堂去设前方指挥所。

军政部城塞局正在这里进行台上钢骨水泥的工事建筑，命我为建塞专员，与城塞局的总工程师蔡中校负责修建要塞工程事宜，我们天天到山上监督要塞修建。

我一方面负责建塞工程，一方面负责对炮台要塞实战的训练，每天忙得寝不安席，食不甘味。

在江防司令部成立前，已经把一台4门88毫米口径的要塞高射炮安装在武汉东湖凤凰山上负责防空，这是从德国买来的20门高射炮中的五分之一。

黄鄂要塞是在抗日战争中为保卫大武汉而建立的，位置在武汉东面的黄冈县（今黄冈市）、鄂城县（今鄂州市）一带，故称黄鄂要塞。其主要部分在南岸的葛店镇，该镇临江有座白浒山，后来才把装在凤凰山上的一台4门八八炮移到白浒山，称为甲五台，从山脚下爬上去得半个钟头。

在白浒山东六里许江边的黄家矶上，安装了两台10门从军舰上拆下来的平射炮，官兵都是海军派来的。黄一台台长姓程，是海军中校；黄二台台长是海军上校方莹（注：方莹，福建省福州市人，任职海军第1舰队司令，1948年退役。新中国成立后，曾任中国人民海军第6舰队副司令员。1965年过世，终年76岁），后在解放军任舰队司令。

甲五台、黄一台、黄二台这三台炮，统归江防司令部指挥。

此外，在葛店西北50里的青山、葛店东50里的北岸团风及葛店西北20里的北岸阳罗，均设有野炮阵地，准备临时排列野炮，加强江防力量。

甲五台台长是柏园少校，他原是南京炮校教官。台附是陶任之上尉、何秉中上尉。台员、通信员、探照员、士兵等都是炮校要塞科军官训练班的学生军，和我从前所在的甲一台是兄弟台，台附、台员都是我同班同学。

司令部直属还有守备队步兵一营、工兵一连、卫生队等。

在黄鄂要塞任职时，我与武汉师范毕业的女学生邱国珍恋爱了。

我们就住在她家里，她经常给炮台送水送饭，让我很感动，我们渐渐就产生了感情，那一年她19岁。

我明确告诉她，我与前妻秋馨被迫离婚和许下的承诺，即抗战胜利如果我还活着，我们将再续前缘。国珍点头了。她说："到那时咱们的情况如何都很难预料，只能当个希望吧。"

这时候，著名的二一八空战（注：1938年2月18日，日本轰炸机在战斗机的掩护下，空袭武汉，中国空军升空迎战。双方激战12分钟，击落敌机12架，我方大队长李桂丹上尉、飞行队长吕基淳上尉、飞行员李鹏翔中尉、巴清正少尉、王怡少尉牺牲。二一八空战是南京失陷以后中国空军取得的第一次重大胜利）爆发了，我的同学巴清正（注：巴清正，今黑龙江省宾县人，1916年2月21日生，"中央航校"5期甲班毕业后，任空军第4大队第22中队少尉飞行员。1938年2月18日，日军几十架飞机轰炸武汉，第4大队在李桂丹大队长的带领下，起飞迎战。短短12分钟的大空战，我空军打下日本飞机12架，李桂丹、巴清正等5位英雄壮烈牺牲）就是这一战战死的，他跟我岁数相仿，是黄埔10期同队同学。

我到他住的地方看他的老母亲和妹妹。走到门口了，他妹妹在门口玩呢，我看像东北小孩，就问："你认识巴清正不？"她一张口就是东北话，说那是她哥。我问她老母亲在不？她说在，我就进屋了。

我跟他老母亲说："你家有这样的儿子是为中华民族争光，不必哭，不必痛苦，连我都感到光荣。"

巴清正是满族人，他当时是少尉驾驶员，但是空军比陆军高两级。

二一八空战战死的有两个是我同学，我们在东北学生队分开时"三分天下"，一部分上空军，一部分上海军，一部分留在陆军。

3月，江防司令部改称黄鄂要塞司令部。

4月，黄鄂要塞司令部由武昌城迁往牛家祠堂。

5月间，从海军陆战队拨来一个江防要塞总队，作为黄鄂要塞的守备队，总队长是海军上校唐靖海。因为有了江阴和乌龙山两次作战经验，到武汉，要塞就配备守备队了。

这个守备队是由原东北军的海军编成的，都是东北人，他们的船沉到江里当障碍物，人就上陆了，编成要塞守备队。

接着，司令部成立了守备营和由施品三任连长的工兵连等作战部队。

要塞司令部里只有我一个是要塞专业的干部，就成了要塞司令刘翼峰的专业参谋，他对我的建议大多采纳，因此我也竭忠报效，唯恐有失。

也是5月份，武汉珞珈山成立陆空联络训练班，属"中央训练团"，我入班学习了陆空联络知识。

6月，司令部权力扩大，葛店西面的杨逻、青山，葛店东面的团风等地的临时炮台都归要塞司令部指挥。

7月，要塞司令部成立南岸炮台总台部，编制是上（中）校总台长一人，中（少）校总台附二人，其他有副官、司书等。

军政部要塞科派原甲一台台长李诚中任中校总台长。可是经过刘翼峰司令谈话后不但不要他，连顿饭都不供。还是我告诉厨房，我私人出钱，给准备了四个菜，请他在我那吃顿饭。他跟我说："看司令的意思大概不用我。"我说："也可能他这个人以貌取人。"李诚中说话慢声细语的，江西人，小小的个儿，还不会讲普通话。

刘翼峰司令最后没同意留用，主要由于李是黄埔系学生，刘有所顾忌。李诚中是黄埔6期的。

军政部就训令刘翼峰对总台长一职可以自选，但必须是

延伸阅读

东北海军是张作霖、张学良父子在北洋政府吉黑江防舰队基础上建设发展起来的，九一八事变时，东北海军因驻守青岛而未受损失。1933年，按中国海军序列，编为海军第3舰队。七七事变爆发后，第3舰队部分舰船被沉在青岛堵塞通道，部分舰船被沉在南京附近封锁长江。其中一部人员由东北海军副司令谢刚哲率领到武汉，组成江防要塞守备司令部，下辖三个总队和一个陆战支队第2大队，担任武汉外围、马垱要塞、湖口要塞的江防任务。

炮校要塞科毕业,具备要塞实战经验的人,军政部才能批准。

这个条件在刘翼峰手下只有我一个人合格,但我资历太浅,年纪太轻,10个月前我还是个中尉学员,怎能当此重任?可刘翼峰司令一定要我出任,找我谈话说,由周保华参谋长兼任总台长,但不到任,由我任少校总台附,实负南岸炮台总台部全责。

我就向司令建议说:"我资格太嫩,资历浅,年纪轻,三位台长都比我资格老,方台长是上校,程台长是中校,柏园台长是我的老师,做过我的少校教官,我怎好指挥他们呢?司令官抬举我,不如我去甲五台当台长,柏老师当总台附比较好些。"

刘翼峰司令说:"不行,我早考虑过,柏台长虽是炮校教官,但他不是炮校要塞专业,又没有要塞实战经验,与军政部要求不符。战争大事不是课堂上讲课,你虽年轻资历浅,但符合军政部的要求,且有两次要塞血战的经验,这就是无价之宝。你有抗战的志向与实干精神,定能胜任。有参谋长做后盾,干吧!"

他想了一想,就拿起电话,打给甲五台台长柏园,说:"柏台长,现在让瀛云萍当总台附,你怎么个意思?"柏台长心里明白,司令平常就信任我,马上说:"司令我欢迎啊,我的学生当总台附,那是我的光荣,我率先服从。"

司令说:"怎么样?你柏老师表示服从,你干。你不用顾虑这个顾虑那个,我说你行谁敢说不行!"

于是司令刘翼峰上报军政部,马上得到批准。

刘翼峰司令官对我很信任,台长是参谋长,他也不来,在司令部里离不开。司令和参谋长一块跟我谈话,说:"你甩开膀子干,你就是总台长,我们俩这么大年纪就不用操心了。"参谋长把胡子一撇说:"来,我把章给你。"我说:"不用。"他说:"你来回跑,那不累死了?"南岸炮台总台部打仗的时候,我指挥就是参谋长指挥,参谋长有事都问我,实际就是信任我。

第十章 武汉会战，再战黄鄂要塞

当时我只是 25 岁的青年，负起这样大的责任，又是保卫大武汉的前沿阵地，实觉担子太重。所以我上任后，起早贪黑忙着组建南岸炮台总台部，三位资深年长的台长都支持我，我的工作没受到任何阻力。

柏园台长过去是要塞训练班的教官，论辈分是我的老师，我是中尉学员，他是少校教官，当年他分到第五台，我分到第一台。

我第一次分出去参加了淞沪会战，打下来一仗就晋了一级，中尉晋上尉。到南京又打了一仗，现在拨到武汉从上尉晋少校，已经晋了两级。但他还是少校台长，因为分到武汉后没打过战役。现在我又升了总台附，他就成我的部属了。

这要塞就是个炮台，十年不打仗就搁那守着，一个台长，一个台附，几个台员，往哪升？

因为在江阴要塞作战时，有汉奸为敌人打信号枪指示目标，于是我对黄鄂要塞区内的居民和周边环境做了一番防谍工作，严格清查了要塞区内的户口，组织十家联保。

这时长江下游的马垱、湖口、田家镇诸要塞都相继失守，我沿江野战军节节败退，日军则步步相逼，继续溯江进犯。

10 月，日寇进逼到鄂城县，我们已听到隆隆的炮声，敌人的侦察机不时出现在葛店上空，从此甲五台天天都有对空战斗。我要塞除了甲五台的大高射炮，还配备有各种小口径高射炮和高射机枪。

这样的战斗大家已司空见惯，如果哪天没有，反觉得乏味。

有一天，我上黄家集去训练，回来走到路上，看到一个人坐在路边一块石头上休息，他是少尉，穿着海军服装，他看看我，我看看他。

他又到跟前儿来就这么细看我，我们都戴着胸章，写着什么官什么军衔什么名。我这时叫瀛云萍了，他看了就晃头，说："报告总台附，我有一个同学，叫王愚臣。"我一听，忽然就想起老佟头了，这不是佟恭厚吗？我上去把他抱住就哭了，说："我离老远就看到你了。"

他是我在东北军校的同学，彼此已经分别七年不见了，二十几岁的人能不变样吗？他在学校就像个老头，现在当官了还像个老头，实际年龄不大，跟我同岁。

他就在拨来的江防守备队里，我问他现在的情况，他说："现在咱们东北海军缩编再缩编，人家最后就是要把咱们消灭。"他说："太高兴了，我们同学当了总台附！"他还没到这来就知道总台附姓瀛，就是没见过面。他只能见到他们总队的指挥官，一个见习官连个排长都没当上，哪能见到总台附啊！

他说："你都升到少校了！"我说："我是炮兵学校两期毕业啊！"他就拿我当"中央军"另眼看待。

回去，他就在总队里宣传，瀛总台附是他的小同学，也是东北人。顾绍宗、李永志也都来问，他们都是我在东北学生队的同学，说："那个瀛云萍就是王愚臣啊？"佟恭厚说："就是他，我今天都看到他了，我们哥俩抱头痛哭。"

第二天近黄昏的时候，三个同学来了。

李永志写一笔好字，人家下课都去玩，他不去，在废纸上拿着笔练字。他临帖写的《兰亭序》，语文老师看了都把他抱起来，说："你这孩子怎么写得这么好？"他比我小一岁，个儿也小。语文老师叫石铁眉，因为30多岁眉毛就白了，所以号叫"铁眉"。这个老师汉文讲得真好，我跟着他背下一些汉文，受到很多教育。

我这三个同学都是从海军学校毕业，都在海军当见习官。东北的海军缩小缩小再缩小，没有出路，我都当少校了，他们还在当少尉，和我差三级。

就跟小时候在学校一样，大伙都顽皮闹笑话玩。我跟老婆邱国珍说："我这几个小同学都在这，你做一个拿手的菜给他们吃。"我老婆就做了藕炖排骨，炖了一大锅，还蒸了馒头。

之后，顾绍宗经常上我这来，他在学校跟我最好，他的学术科都挺好，班里最帅的同学就是他。一到晚上下班了，没啥大事他就跑我这来了，那一段时间过得挺乐的。

因为守备队很多军官是我的同学，在司令部与该总队的感情沟通方面，我自然起到桥梁作用。

军政部又拨来两个要塞炮兵教导队，归我指挥，都是前甲一台至甲四台的官兵，两位队长分别是杨兆龙少校和秦凤仪少校，都是我的同班同学。这一来，我就成了司令部与各派系间的联络员。

秦凤仪长得帅，是个美男子。他和杨兆龙设宴，亲自到总台部请我，一进屋就敬礼，说："我们请总台附去吃饭。"我说："咱们同学还搞这一套？"他俩说："咱俩都愿意，请你好好吃一顿。"就在武汉，一顿接待，还要请我老婆去，我说："算了。"

即将对敌开战时，这两个要塞炮兵教导队，又被军政部调走了。

黄鄂要塞位于武汉长江下游90里地的位置，武汉会战时的任务是要确保该地段的江防安全，不能让敌海军冲过葛店镇，和当初南京龙虎总台——主要是甲一台——的任务略同。

司令部的财物和官兵家属，都从武昌留守处登上新大力号客轮溯江西上，邱国珍也跟着走了。

10月11日，日军进攻到华容镇，日本海军已过团风进入我要塞区内，对江大战从此开始，两台海炮随时应战。

华容镇往西是梁子湖与长江间的隘路口，有小河一条连通江湖，横于小河上的丁桥连通公路。葛店以南、我总台防守要塞的侧背，都有城塞局建筑的钢筋水泥防御工事。

黄鄂要塞是个比较完整的要塞形势，可我们的野战军既不利用这些防御工事配合要塞作战，也不扼守丁桥隘路，反而借助我要塞的掩护，纷纷通过丁桥向武昌城退去。守武汉，首先要守黄鄂要塞，所以城塞局在这里修了工事。因为战将无知，这批工事白修了。

结果日军尾追而至，将我要塞重重包围。

我们甲五台对空作战的同时，又封锁了丁桥，使日军陆军不能通过。

日军对我要塞内情况不明，在华容升起了系留气球在空中侦察，我们用八八炮打，距离够不着，反把气球引得前进了很多。

不久，敌海军炮开始向我炮台射击，我甲五台和黄一、二台立即还击。

当八八炮对空、对陆战斗时，敌海军乘虚冲进距我两台海炮6000米的江面，企图一举攻到汉口，以配合其陆军作战。

我命令三台官兵不管来自陆、空的攻击，集中全部火力猛打敌海军，炮弹如雨，打得敌舰队附近水柱、火花混成一片。敌舰立即撤出我炮射程外。

就这样打了一天，敌舰始终被拒在有效射程之外，我要塞无大损失。

当初从德国买来如此先进的21门八八火炮，除了1门用于教学外，其余20门均布置到前线，可叹的是，到这时，已丢了16门，只剩下甲五台这4门了。

10月12日，情况恶化。

这时坚守黄鄂要塞的兵力，对江、对空只剩下了南岸总台的三台共14门炮，对陆只有守备总队的一团兵力和要塞的一个守备步兵营。

其他临时配属的野炮队，都已被日军打垮了。

我总台同南京乌龙山甲一台的遭遇一样，江面上我们顶住了敌海军，背后却打不过日本陆军，被敌军包围了。

三台炮中，我们安装在山上的两台海炮是固定指向江面方向的，只能向前打，不能向后打，敌人的山炮、野炮从背后攻击黄一、二台，他们能打到我们，但是我们这两台不能回头打，被打得不能向江面射击，只能坐等挨打。这就是城塞局那些外行给建的炮台，黄一台、黄二台只能在阵地里等死。

要塞是不能转移阵地的，非打硬仗不可，江防守备总队就在丁桥以西、我总台的背后抵抗，以保护我总台侧背的安全。他们只有一团人，这些怀着对日仇恨的东北青年，都咬牙切齿地对阵几倍于我的优势之敌。

只有甲五台距敌陆军远，敌人的野炮还打不到，全要塞只剩下这一台炮继续战斗了，于是在江防守备总队顶住日军陆军进攻、确保背后安全的条件下，甲五台在这次大战中发挥了它的威力。它可向四面八方打，对江、对空、对陆都有效，射程大、射速快，一方面对江、对空战斗，一方面以火力封锁了丁桥。先进的武器，又是具备先进军事知识的官兵在使用，所以大显神威。

日本海军军舰始终不敢进入我八八炮射程内，它的炮弹也就打不到我甲五台。

日军发现其海军敌不过我甲五台，于是起飞多架飞机前来助战，先是以小飞机来轰炸，因我们有37毫米小高射炮和高射机枪掩护甲五台上空的漏斗孔，敌机不敢低飞，所以几次轰炸无效。最后，大约是下午4点左右，日军密集飞来二十几架飞机，从高空向甲五台投下几百枚重磅炸弹，炸得白浒山什么都看不见了，只有黄埃烟尘，火光一片。

我同刘翼峰司令站在司令部门口，拿着望远镜朝白浒山望去。刘翼峰说："柏台完了！柏台完了！"可是敌机飞走后，敌舰向前进时，甲五台又对敌舰开始猛烈炮击，速射的八八炮，几分钟内就把一百多发炮弹打向敌舰，敌舰被迫后退。

刘翼峰放下望远镜急忙打电话慰问柏园台长，柏园台长说："司令放心！我们绝对对得起司令，对得起委员长，对得起中华民族！"

我急忙骑马跑到山上，柏园在观测所里，光是从观测孔崩进的沙石就弄得他满脸泥土沙粒，他露出白牙笑笑对我说："总台附，快回去吧，不在掩体里很危险的。"我没回他话，只是翘起大拇指说："柏老师，好样的，不愧是黄埔学生。"

对江面的战斗仍在继续，我又到各炮位慰问官兵。他们满身泥土，但无伤亡。我们都是炮校同学，只是目下扮演的角色不同，患难中的对话，情感十分复杂，一言难尽。

我们与敌人陆海空三军的联合攻击硬打了一整天，完成了坚持到下午6点、掩护武汉部队撤退的任务。黄昏前，黄鄂要塞失陷了。

我总台背后被几倍于我的日军步兵包围着，要塞守备总队的东北战士们，怀着对日寇的深仇大恨，面对几倍优势的敌人毫不气馁，坚持了两天一夜，直到完成任务，最终被日军击溃了。

随即全要塞都被敌人占领了，三台要塞炮兵全部被击散，伤亡多少不明，日舰趁机进入到我要塞江面。

直到日军步兵冲到总台部门前，我才带着总台部办公人员从后门潜出，利用黄昏雾霭的掩护，依靠熟悉地形的优势冲出了重围。

突围时，夜色漆黑，又下着大雨，我带着总台部的卫生队、通信队、办公人员等非战斗部队往外冲。这些都不是战斗兵，就一个人拿一把大铁锹在石头上蹭，蹭开刃了就是武器。

冲锋的时候谁也顾不上谁，夜间，看到有个人影奔你来了，上去就是一锹，反正我们是往外冲，敌人是往里来的。

开始随我走的有一百多人，混战到通往武昌去的九峰山隘路时，只剩下三十几个人。之后，队伍又被最外层包围圈的日军战车一阵机枪打散了，伤亡多少不知。

这时候我跟前只有几个勤务兵，我都叫不上名来，他们看我一天忙得汗流浃背，跟着他们一块吃、一块住，受到感动，往外冲的时候，这些人都保护我。到最后，还剩两个人跟着我，那些兵都没冲出来，被日军俘虏了，这两个兵靠得我紧一点。再接着冲，有一个就战死了。

天黑，又下着大雨，等到冲出最后的包围时，我身边只剩下一名勤务兵，我的左手负了伤，总台部所辖的千余名炮兵、工兵踪影全无。

这个勤务兵是派到总台部的新兵，和我在一块儿就十几天，他带一把卡宾枪，一把圆锹，我带一把加拿大手枪，一把圆锹。我用手一拉他，不能说话，就示意他往森林里头爬。两个人爬往九峰山最高的的山峰，趁着天黑雨大，几次从日军身边爬过，都没被敌人发现，不能走大路，那些顺着路走的都完了。

爬到山顶上，听见日本人喊缴枪的不杀，回头一看，我们医官被日本人俘虏了。

山峰上没有路，我对周围地形熟悉，知道山上不会有敌人。我们下山后渡过近40里的沼泽地，找到一条小路，以武汉的战火为坐标，向金口方向走去。

到此我身经三次要塞战，以这次败得最惨，但我们终究完成了阻止敌海军，掩护参加武汉会战的几十万友军安全渡江北上的任务。在武汉撤退前，敌军海军没越过我要塞，以甲五台出力最多、作战最猛烈、牺牲最大。

武汉撤退不像南京那样乱，损失也不像南京那样大，重要物资早已撤走，是一次有准备的撤退。

我亲自经过的战役，凡有我八八炮台所在的要塞，就能阻止敌海军前进，使敌人海陆联合作战的目的不能实现，都是等日本陆军得手后，海军才敢前进。这在江阴战役、南京保卫战、武汉战役中无一例外地得到证明。如果南京的江宁要塞是合格的、完整的要塞，日军想攻克也需要花一段时间，很可能会改变当时的战争趋势。

我们走到第二天拂晓，看到几间房屋，但屋里无人，铁锅里有半锅米饭。我端着手枪绕着房屋看了一遍，不见有人，我俩就用手抓饭吃饱，又用手帕包了一包，继续向金口方向走去。遇到老百姓一问，才知道我俩一夜走了70多里地，离纸坊还有20多里。

我们顺着公路走到纸坊，街上已十室九空，满街是向金口方向转移的溃兵，都在找饭吃。有一伙溃兵已经煮好了一大锅米饭，根本吃不完，我们二人就借光吃饱了。吃完饭，烘干满身泥土的衣服，稍事休息，继续赶往金口。

实在走不动了，我们就找个空屋子休息两小时，接着走。突然，日军的装甲车和飞机追上来了，对密集的渡江部队炮击、扫射一阵子，部队有些伤亡，但日军地面部队没上来，装甲车和飞机扰乱一阵子就走了。

沿途我们多次遇到日军在战场外围的装甲汽车和飞机的追击。

武汉会战，敌我双方都伤亡巨大，但我们这次比南京保卫战好一些，达到了消耗日军实力、打持久战的目的。达到一定目的就撤退，根本不决战，一切撤退都是按计划进行的。

到金口后，我俩混到一只渡江部队的船上，渡江北去。因我身穿炮兵少校军衔的华达呢军装，所以无人盘问。

刚登上北岸，敌人的装甲车、飞机配合的追击队就追到了南岸，如果我们没赶上这班船，后果就难说了。

过江后，我们向沙市方向走去，中间要经过500里的沔阳湖沼泽地带。这一路到处有土匪，又有前方退下来的军队在沿途抢人、抢枪。

我们走了几天，到潜江时，被万耀煌（注：万耀煌，湖北武汉人，保定陆军军官学校、陆军大学毕业，曾任国民党第15军团司令兼武汉卫戍副司令、成都"中央陆军军官学校"教育长、湖北省政府主席兼保安司令。1949年去台，1977年过世，终年86岁）部的收容司令部下属哨所扣住，要我的枪，要我的勤务兵，但不收留

延伸阅读

武汉是10月25日放弃的，日军没有捕捉住我们的大部队，但武汉的军民在撤退时拥挤混乱，争先恐后。江北我不大清楚，仅江南从武汉到岳阳间徒步、乘车、乘船南逃的军民，被日本飞机炸死炸伤的达万人之多。武汉的撤退能够有计划地提前一两天就更好。

——赵子立《武汉会战及赣北之役》，薛岳、赵子立等著，《正面战场：武汉会战》，中国文史出版社，2016年，第56页

武汉会战是发生在抗日战争初期阶段，即从1938年6月至10月，以华中地区为主要战场，以防守和夺占武汉为中日双方主要作战目标的一次大战。武汉会战曾经创下了三个"之最"，即规模巨大之最、千里战线漫长之最与伤亡人数众多之最。据统计，这次会战，中国军队投入130个师、40余艘战舰、上百架飞机，共计110万人参战。中日双方都志在必得，全力以赴。经过4个多月的激战，此次会战日军共伤亡10余万人，且诸多主力精锐元气大伤。中国军队在武汉会战中也付出了沉重的代价，伤亡总数超过20万人。

——《中国抗战时期三大名战之一的万家岭大捷》，余伯流，《党史文苑》，2009年第3期，第5页

第十章　武汉会战，再战黄鄂要塞　147

我这校官。

我执意见到了他们司令，一看，这位司令原来是我在珞珈山军官训练团的同队同学。一见面我就说："好小子，原来是你在这占山为王，竟敢下我炮兵少校的枪？"他说："这是军团部的命令，否则我敢这样干吗？收一支步枪 3 元大洋，一支手枪 5 元大洋。我该倒霉，遇到你这位大爷，两支枪加倍给你 15 元，兵你带走，行吧？"我们就这样成交了。

我和勤务兵又走了两天，总算走出了沼泽区，到了往沙市的公路口，找了一个比较富庶的百姓家讨了两碗饭，因为不敢买饭暴露身边有钱。这家主人给我们放了一个小地桌，我们就着咸豆豆吃了一顿饱饭。

刚吃完饭，只见勤务兵和一个包头的青年双双跪在我的面前。勤务兵哭着说："我把总台附送到这，不会再有危险了，前面是奔沙市的公路，总台附可以安全到达沙市了。我是此地人，前三天住的就是我家，家人本想留下我，要下总台附的枪，并想杀害'您家'（当地话：您老人家），我坚决不答应，我不能做这伤天害理的事。我把总台附为国尽忠、勤劳苦干的情况向家人说了，他们被感动了，同意我和我哥把您家送出危险区。您家东北口音，一个人是出不了这危险区的。"说罢又哭起来。

我这才恍然大悟，难得这个兵精忠大义，一个小兵有这样的认识，真是罕见，也感动得流下眼泪。

勤务兵介绍那个包头青年说："他是我哥哥，暗中送我们三天了。"

我急忙把两兄弟扶起，说："兄弟，难得你这样忠义，从今往后你就是我的义弟，暂时就不必同我去了。我遭此惨败，此去功罪难说，前途尚不可预测，你就先回家吧。"说罢，我俩抱头痛哭。

这时已围观了些百姓，多被感动落泪。

我们于是就此告别，我走出几百米回头看，他兄弟二人和几个百姓还在那里目送，我高高抱拳致谢。可惜我同这位勤务兵义弟相处短暂，如今已经忘记他的名字了，但我终身不能忘记这个沔阳义弟，这是忠诚热血的情谊。

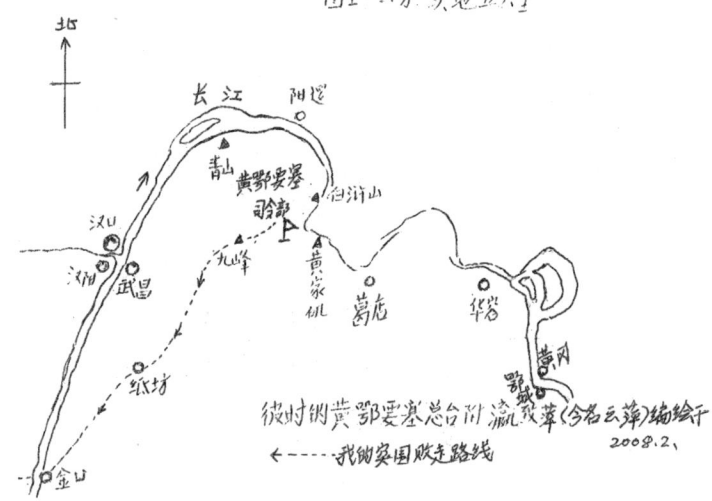

黄鄂要塞地名位置示意图　瀛云萍绘

第十一章　在中国战车防御炮部队

我到沙市后,得知轮船新大力号已开往宜昌,等我赶到宜昌,新大力轮船又开往下游去了。找不到刘翼峰司令和家眷的消息,也不知道军政部要塞科在哪。

又想到我们在南京撤退时还有赵勋总台附的命令为凭,但这次在武汉突围,谁也没给我突围的命令,我是行总台长职的总台附,也没给谁突围的命令,全军覆没,功罪无凭,何必去找军政部要塞科,还是另作他图吧。

从此,我离开了要塞序列,感谢刘翼峰司令的知遇之恩,没齿不能忘怀,人生知己最难得,况萍水相逢于患难间。

不久,我得知张权将军在湖南湘潭编组战车防御炮部队。

1933年时,张权将军在南京步兵学校任研究委员兼机关炮训练班的主任,我在机关炮训练班任少尉助教。

1934年,我调到黄埔军校化学兵科大队当中尉区队长,至此与张权将军分手已四年了。

他是步兵学校的,手下的人也都是步兵科,炮科人才肯定很少,于是我决定投奔张权将军。

到湘潭后,我见到张权将军,讲述了离开炮校后,在军政部化学兵科当区队长,入炮校学习,参加江阴战

延伸阅读

根据张权的建议,国民政府先后斥资从国外购入丹麦"麦德逊"火炮、奥地利"四七"火炮、德国"三七"火炮、苏联"三七""四七"火炮等装备,以组建机械化战防炮部队。张权利用上述装备陆续建立了52团至58团共7个炮兵团、1个教导团和5个直属营,除炮52团后划归蒋介石嫡系杜聿明建立的王牌部队机械化200师外,其余7个团等全部隶属战车防御炮教导总队建制。这年11月,张权被任命为陆军战车防御炮教导总队队长。

——《爱国将领张权的传奇人生》,杨飞,《党史纵览》,2012年第4期,第50页

役、南京保卫战、武汉会战等经过。张权对我的到来很高兴，他的部下很多是我当助教时的故人，都是步兵学校毕业的，一个炮科人才也没有。

张权命我为炮兵54团第1营营附，占缺不到任，在总队部服务，实任总队部干部训练班军士队长。

原军士队长是一位从北洋军阀部队收编过来的老中校，叫刘杜，40多岁，老气横秋，军事知识很少。我接他的职务，要求他做详细的交接工作，在查仓库的账时，发现很多贵重物品对不上，我如实向总队长张权做了汇报。张权把刘杜找去骂了一通，调为副官。

不久，总队部又由湘潭迁驻零陵（今永州），在零陵驻了几个月。

有一次，全总队校官以上集会，一个戴着步兵中校领章的军官质问我："这是步兵部队，我们都戴红领章，怎么那个少校戴蓝领章呢？"

在部队里，步兵戴红领章，炮兵戴蓝领章。

我当时一愣，心想我一个炮兵少校怎么还会把领章戴错，接着就明白了，这位中校连《内务规则》也不懂。于是我很客气地说："中校先生，你官大了，把小事都忘了。《内务规则》里有明文规定，有兵科出身的军官，无论在什么兵科工作，都戴他兵科出身的领章。如果在黄埔是炮科毕业的，不管到哪个部队，到工兵也好，到骑兵也好，就是当步兵，也永远要戴炮兵领章。没有兵科出身的军官，戴他所在兵科的领章，士兵戴他所在部队的领章。我是炮兵学校出身，现在又在战车防御炮教导总队服务，当然应戴炮兵领章。你在战车防御炮教导总队服务，戴的是步兵领章，则应是军校步兵科毕业，或步兵学校毕业。你如果是行伍出身，那你现在应戴炮兵领章。"

他说："我是步兵学校毕业。"

我说："那你的领章戴对了，我也没戴错，但你说这是步兵部队，这完全错了，这里是炮兵第51、54、55、56团的番号，怎么能称步兵呢？你回去重读一番《内务规则》吧。"

张权见我二人辩论，他也不知谁是谁非，他是日本士官学校毕业，对我们的《内务规则》根本没读过,也不懂应该戴什么领章,想一想最终说:"可也是啊,瀛少校,大家都戴红领章,你也戴红领章吧。"

领章都是自己买,街上店里就有卖的。

在零陵驻了几个月后,因情况不利,又南迁到广西兴安县。

我带的军士队结业了,调我到炮兵54团第4营15连任少校连长。第4营营长张宇是一位行伍出身的老少校,30多岁,我当时26岁。

到连里,我才亲眼看到战车防御炮。炮连已经成立了一年多,操法不像炮操,装具不合乎实用,不用说作战,连把炮拉到战场上去都不可能。

这些作战防御炮是苏联赠送给我们的,都是在欧洲战场获得的战利品,有20毫米口径的苏罗通陆海空三用小炮,有1930式37毫米口径的平射炮,还有欧利根37毫米口径的平射炮,共有300多门,在苏联都已被淘汰,现在把炮、炮弹和拉炮的装具一起送给中国,到中国都成了先进武器。中国就由南京步兵学校机关炮训练班的主任张权少将负责,把训练班全员拉出来,以20毫米口径苏罗通机关炮训练为基干,成立了战车防御炮教导总队,负责编练4个战车防御炮团。

我给张权呈上一篇建议说:"我到连里一看,吓了一大跳,从操法到装具全是闹着玩的,这样根本不能作战,如不及时改良,将来误了抗战大业,咱们都得被军法从事。如果总座不能接纳我的建议,我就只好离开,回炮兵部队去,不能耽误国家大事。"

张权回批:"就从你们连做实验,改良成功了,再令全总队学习实行。"又打电话叫我到总队部详谈。

我骑上快马跑到总队部,见到张权总队长和54团团附,详谈了一个多小时。我连讲带画把问题说明白了,并说明需用几百元大洋的改装经费,张权立即命总务处支出300元大洋备用。

回到连里,我首先改良了马匹挽拽装具,从连队士兵中找了几个会木工的,在我的指导下开工,一周内完成了全连的挽马用具,把苏联送来的大洋马专用项圈全都作废，改用东北农村马拉大车的夹板、套包，又轻便还方便操作，并且适合中国马的体形。

接下来开始新的炮兵操法。我找了个最优秀的中士班长，叫陈海明，先教他这个班学习新编炮操，我讲完他就会操作，一周时间他就全部学会了，极为熟练。

我立即升他为上士班长，再派他去教其余三个炮班，我则在一旁随时指导。

又用了一个月，我重新编写全连的操典法，改完了，先请营长张宇观看，然后请54团实际上的团长刘团附和张权总队长观看。

我给他们同样演练三次，总队长、刘团附、总队部的全体教官们都点头称赞说："这才像个战炮队！"

于是召集54团的全体营长、连长共30多人，来我连学习三天。先由我连演练几次，再把这些连、营长们编成战炮班，我当临时班长，反复演练。中午由我连给他们预备一饭一菜充饥，下午照练，总队长在场监督，大家像小士兵一样练得满身大汗，但个个喜气洋洋。最后总队长下令各连回去先改挽具，后练操法，命我负责到各连监督指导。

由于总队长采纳了我的建议，引起步校（步兵学校）派的妒忌，尤其以步校毕业的中校营长郝某为首，百般刁难。

不久，54团奉命派13、16两个连开赴前线作战。

13连到前方第一仗就被敌炮击垮了，黄埔9期毕业的连长李尽忠上尉和观测员均阵亡。

由于长期劳累，这时我发疟疾病倒了，张权总队长给54团军医处长下令，限10天内治好我的病。军医处长天天守在我的身边，可就是不见好转，上面只好派孙启敏少校接任我的连长职务，我调为本营附，主要是休养。

接着战斗任务下来了。

我随营长张宇少校带14、15两连调归第5战区，战区长官是李宗仁上将，长官部驻湖北老河口。

投军的青年知识分子军校毕业后，进部队很快就升起来。黄埔学生毕业了那么多，但是部队的排长里还有行伍，连长、营长里也还有行伍。

张宇营长就是行伍，他就凭当兵升到少校营长，但多少年也升不上去，再往上水平就不行了，当个营长凑合。我给他当营附时，他什么都问我。我27岁，他三十八九了，他比我大十多岁，叫我小瀛。那些连长有事来，他就叫我答复，我就说，营长的意思就是让你这么办。到后来，大伙知道这个情况，有事直接就问我。

1939年8月，我们从广西兴安乘火车北上，我由一个护士、两个卫士扶上马到车站，察看各连装载。

到了车站发现所有的马都不上车，前蹄一触跳板，马上就退回好远，再也不前进。蒙上眼睛，前边拉，后边打，也不肯上跳板。

张宇营长满头大汗来到我面前说："小瀛，如果不能准时开车，我要受军法处理的，你就看着大哥掉头吗？"

我想了一会儿，大喊一声："各连长快去扣车，到水泥厂拉几块钢骨水泥板来当跳板，快去！"

他们分头去拉了水泥板替换跳板，我再命勤务兵牵来我的坐骑，我搂搂它的脖子，亲亲它的脸，牵着走上水泥板，进入车厢，其余的马就都跟着上了车。

营长笑着说"小瀛啊，你的方法神出鬼没，没有你，我今天人头难保。你怎么知道马不上跳板而上水泥板呢？"

我说："话长了，上车再谈。"

火车准时开车北上了，我这才说："我观察马前蹄一蹬跳板就不上了，原因是跳板发出空响声，马怕陷下去，所以不肯再上。而水泥板则无空响声，所以马敢上。我的坐骑和我有感情，相信我不会害它，我又同它亲了又亲，它就更相信我了，所以放心跟着我走。骑兵科哪匹马归谁骑都是固定的，有的马主人死了，它会绝食同死，这种义马历史上多有记载。你们都是步兵科出身，所以对马的习性难理解。"

营长听罢，说："看来外行是不能领导内行的。"

我说："隔行如隔山，上级命步兵学校编练炮部队，是错误的，是出于万不得已，但又不支援炮兵人才，是错上加错。"

这就是中国抗战的幕后故事，是抗战的真实一面。

1939年10月，我路过宜昌时，得知原黄鄂要塞班子又成立了万宜要塞司令部，刘翼峰司令晋级中将，周保华参谋长仍是上校。万宜要塞辖区为湖北宜昌到四川万县的长江沿岸，宜昌东南的红心套（红花套）一带为万宜要塞的最前线。

在长江南岸新设了炮台，台长是顾绍宗少校，他是我在东北学生队第8队15教授班的同班要好同学，在黄鄂要塞时就相见了，那时他在海军陆战队，后改为长江要塞守备总队。

我们一路北上到湘潭，下火车，改上船。因为公路都被我们自己破坏了，只能改走水路。破坏公路是白崇禧总参谋长的主意，为的是限制敌人机械化兵种活动。

在湘潭，我们还是用水泥板把马匹装上船，顺湘江北上，很多地方军警设立买路钱的关卡，沿途关卡重重，一路有很多出不起钱的民船被扣押。

我们单位小，只有两连炮兵，总共7条船，都用伪装布盖着，以免遭到空袭，这时炮兵完全失去作战能力，而敌机随时出现在上空。船队过境时，有很多民船主动来给我们服务，好乘机脱离扣押，我看在眼里，痛在心里。

有的关卡财迷心窍，竟向我们赴战的军船要买路钱，被我们大骂后，灰溜溜走了。为了免除沿途麻烦，营长派我乘快船先到长沙，去见第9兵团司令薛岳将军报告军情。

当时薛岳坐镇长沙，统辖附近几省军事。我见了薛岳，把沿江所见弊端全部做了汇报，我说："这些弊端不除，我们抗战的前途太可怕了。"

薛岳司令很恼火，立即命参谋长电告沿湘江的驻军，有敢妨碍炮兵营行期的，一律军法从事。

这天是 1939 年夏历 12 月 28 日，正是我的生日。我在江边找个旅店，做了一面红旗，写上白字：炮 54 团 4 营瀛驻此。从窗户支出去，在江上很远就可以看得见。

店主人给我买了生日蛋糕，我给了他 3 块大洋，他不要，我强塞到他口袋里。

次年正月初二，我们登上船，顺利通过湘江、洞庭湖，出藕池口入长江到宜昌，暂驻在宜昌北的小溪塔。

在小溪塔，有苏联顾问给我们授训，因为我们用的是苏联的炮，翻译是苏联籍的中国东北人，名叫邹宁。这个顾问架子大得很，把我们看作一摊泥，给我们讲苏式的格兰夫射击法，与我们的战车防御炮根本没关系。而且吃饭很挑剔，鸡蛋煮太熟了不吃，吃馒头要扒皮，经常呵斥我和营长。

我觉得有失国格，就问翻译，他是什么官阶，邹宁说是中尉。于是我对这个顾问说："盟国间是平等相处，阶级（即军衔）服从阶级要敬礼也是平等互用的，你是中尉，对盟国的少校非但不行军礼，且以长官自居，这是不合国际礼节的。而且讲的东西张冠李戴，我们是战车防御炮，是直接瞄准的平射炮。你讲野炮用的格兰夫射击法，对我们有什么用呢？身为初级军官，一身富贵气做派，这些我们都要向你们上级汇报的。"

营长指着我对他说："我们营附是炮兵专科学校毕业。"

听完后，他表现得很不安。翻译同营长说："他承认错误，请二位营长不必向他的上级汇报。"

临走时他依官阶先向我们敬礼，我们举手还礼。后来，他又来了两次，见面都按官阶敬礼，吃饭也不挑剔了。

国民党军中通行"服从职务，敬礼阶级"，我亲眼看到过国防部十五科上校科长谭学正指挥他的少将科员的情形。上校科长先给少将科员敬个礼说:"请李科员去办某件事。"李科员马上立正接受科长的指示。

这个李科员先在十五科任少将科员,后来当了个上校科长。

谭学正是我的旧同事,陆军大学毕业后当上了这个科长。科长职务的编制是少将,可上下浮动一级,就是也可用上校,也可用中将。而科员的编制是上校,也可用中校或少将。

我们在小溪塔驻了两个多月,在此期间派人到四川去领马匹。四川马很小,像我这样的大个子骑上去就走不动了,可当时北方产马区都沦陷了,也只能将就用这些小马。后来我们就用两匹川马向农民换一匹大马。

一路又经土门垭、鸦雀岭、当阳县、河溶镇、十里堡、建阳驿、掇刀石、荆门、宜城县,最后到达襄阳县,途经当阳县时还参观了长坂桥古迹。

路上为躲避日军飞机的袭击,我们都是白天睡觉,夜间行军。尽管如此,我们白天的宿营地还是遇到过敌侦察机在上空盘旋,有两次还遇到日军步兵向我们扫射,由于掩蔽得很好,没受什么损失,但被日寇打死了老百姓的几头耕牛。

在襄阳休息了十多天,随后前往老河口长官部报到。

到了地方,先到第5战区炮兵司令部报到。

炮兵司令姓董,当着张宇营长的面,问我说:"你不是炮兵吗?"我说:"是。"他说:"炮兵怎么戴步兵领章,这不笑话吗?你戴着步兵领章,把你派前线去,人家步兵能保护你啊?"

按要求,步兵得保护特种兵、炮兵、工兵。

张宇被这司令好一顿崩,弄得脸红脖子粗,他就说:"是,司令,我是步兵出身,我们营附是炮校毕业的。"司令说:"炮校毕业的怎么戴步兵领章?"我说:"人家上级要我这么干,我有啥办法?"他说:"换下来。"

回来了,我说:"我在教导总队就跟你说,将来一旦遇见明白人就会丢脸。"就这么个事儿。黄埔前几期毕业的都没学过,这个属于内务,叫典范令。军队内务,那上面都有规定,怎么行礼,怎么称谓,互相怎么说话,戴什么领章,什么人穿什么衣服,上面都有详细规定。敬礼又分室内怎么敬礼,室外怎么敬礼,怎么站着,怎么动作,这些都是军事学。我在张学良那念了五年军校,典范令我念了两次,一条条都背下来了,这还能错了?

营长就下令全营改领章。

当时第5战区情况稍缓和,李宗仁举办了一次炮兵军官训练班。

由一位东北军出身的上校团长、第5战区炮兵指挥官负责编组,李宗仁自任主任,请各兵团的司令官、参谋长当教官,抽调各种炮兵的营长、连长来受训,受训者都把自己的炮队带来。

张宇营长和我、第14连行伍步兵出身的邱连长都来受训。

开课后,李宗仁先讲了开班的目的是各炮种互相学习。

把我拉上去讲了一课战车防御炮战术,我从没当过教官,讲得也不精彩,不过都是实际内容,1930式炮的操典是我编的,又亲自用它打过敌人的战车,也研究过战车防御炮战斗指挥纲要,所以讲得还过得去。

当14连进行实地演习射击时,邱连长带着100多名士兵和4辆炮车,就在一片豌豆地里演起来了,豌豆地的主人急得直流眼泪,李宗仁急忙招呼大喊停演。我也急得掉下了眼泪,见李宗仁喊停,就大声喊道:"邱连长,快出来,破坏这么大一片即将收

延伸阅读

民国二十八年秋,我乃将5战区司令长官部迁往光化县的老河口。

迁老河口后的第一项设施,便是在市外约5里地的杨林铺成立第5战区干部训练班,由我担任主任。调本战区校官以上各级军官前来受训,旨在提高战斗精神,检讨作战经验,增进战斗技术,并联络感情,收效极宏。另于襄河西岸距老河口约90里地的草店成立"中央陆军军官学校"第八分校。校址设于武当山下诸宫殿式建筑的驿站中。该校除招收知识青年外,并调各军下级干部前来受训,故有学生队与学员队之分。因抗战已过三年,全国军队久经战斗,下级军官伤亡甚巨,亟待补充之故。

——李宗仁《欧战爆发后之枣宜会战》,薛岳、赵子立等著,《正面战场:武汉会战》,中国文史出版社,2016年,第259页

成的庄稼干什么?"邱连长还莫名其妙地无动于衷,指挥炮车又破坏一块新地走出来,我说:"你不会走原路出来吗?"他说:"操法的原则能不遵守吗?"

令人啼笑皆非,弄得在场人员不欢而散。

这张照片，是抗日战争时，黄鄂要塞白浒山（注一）上甲五台（注二）官兵修筑的一个大掩蔽部。抗战胜利后至今（2005.4日）武废墟良心未泯的义民们为纪念、祭祀当年当抗战为国损躯的忠良义士们，在废壁上修筑了一小龛（龛内字迹已漫糊），每年10月24日（即武汉沦陷日，黄鄂要塞被击灭日）的前后一两日内，来此焚香，烧纸祭奠英灵。记者是当年此要塞的建筑，战斗至被击灭的始终指挥者、负责者之一，又是最后杀出重围幸存者之一！今见此照片，写此文！此时的情感，不问可知，已是泪墨合流，不知何云！"丈夫有泪不轻弹，此时真到了伤心处！"

无穷往迹上心头，信史实难一笔勾！
遗骨荒山多少士？赢秦基业万年留！

照片下端的蓝花瓷盏，即香炉。

(注一)白浒山，在武汉市街东北25公里许的长江西岸，（总的是长江南岸）山上建有彼时最新式的八八砲台阵地，大砲四门（今遗废墟大坑四处）。

注二 彼时从德国买来20门八八公分口径射一万六日米的大高射砲分五个台（每台四门）武汉白浒山安装了最后

黄鄂要塞甲五台掩蔽部遗址

第十二章　枣宜会战，真希望没有战争

在湖北第5战区前线，连续打了几个月野战，与日、伪军混战于枣阳、随县一带，运动量很大，作战环境很困难，敌我双方伤亡都很大。

李宗仁命我营在老河口东南十余公里的仙人渡待命，此后配属川军董宋珩〔注：董宋珩，四川省仁寿县人，保定北洋军速成武备学堂毕业，中将军衔。历任第22集团军副司令，第五绥靖公署（河南）副主任，川鄂绥靖公署副主任，16兵团副司令。1949年，率16兵团起义。新中国成立后，曾任南京市政协委员。1954年过世，终年63岁〕第22集团军、桂军黄琪翔（注：黄琪翔，广东省梅州市人。毕业于保定陆军军官学校，国民党陆军上将，抗战期间曾任第6战区副司令长官、中国远征军副司令长官。新中国成立后，任国家体委副主任、全国政协常委等职。1970年过世，终年72岁）第11集团军打了几次仗。

我们战车炮部队不在前方，就跟着军部、总司令部走，由李宗仁亲自掌握。咱们的炮少，人家日本一个军有好几个炮兵连，咱们一个军只有一个。

前面哪个师、哪个团发现有敌人战车了，就打电话来要战车炮。凡有请用战防炮的部队，都得向李宗仁立下保条，要保证战防炮的安全，保证不能把这炮丢了，要丢了炮就军法从事，就要砍头，所以抗战时炮兵牺牲得少。

我们总是在充裕步兵的保护下到前方去，一个炮兵连就有两个步兵连在两翼保护。我们隐蔽好了，发现敌人战车来了，猛烈地打一阵后，再迅速套上车赶快撤回到安全地带。

往复地这样打运动战，很少有危险，我在第5战区打了几十仗，一门炮也没丢，但疲于奔命。

川军作战很勇敢。有一次，我们配合川军董宋珩的22集团军作战，打了一阵，撤回第二线待命休息时，只见沿着一条通往前方的小路，断断续续往下抬伤员，抬下来的兵，哭的哭，叫的叫，鲜血滴滴答答往下流，洒满一路。

刚好增援的川军战士也从这条小路前进，就一条小路，往下抬伤兵的走这条路，前进的也走这条路。前进的兵对一路抬下的伤员惨状视而不见，连、排长带着兵踏着尸体血迹往前走，没哪个回头看的，一个个斗志昂扬地往前进。

我都感动得流泪了，问他们："你们看着这些伤员鲜血淋漓的惨状不害怕吗？"

他们回答说："龟儿子！打国仗嘛，不死即伤，分所应当，怕什么？"

我没想到川军如此忠勇，被感动得热泪盈眶，高举右手伸出大拇指，大声喊道："好样的，川军兄弟，忠勇千秋！"

人们常说川军是杂牌军，和我们"中央军"穿的服装都不一样，同是为国出力，而彼此的待遇却不相同。我又想到参加抗战的东北军，也被人们称作杂牌军或孤儿军，心里七上八下，不是滋味。

兵团副司令董宋珩有两个爸爸，他生下来亲爸爸就死了，亲爸姓董，继父姓宋，把他供到黄埔军校毕业，他为纪念两个父亲，就姓董宋。

还有一次，与日寇的拉锯战中，黄琪翔军团被击溃。

我带着战车防御炮连，因为提前撤到安全地带，正在公路边整理部队，忽见漫山遍野的步兵都往后撤，许多是没有军官带领的散兵。我截住一些散兵，选体格强壮的收留了几十名。

过了一阵子，忽然看见后撤的部队又返回去继续前进了，我莫名其妙地站在原地，不知前面怎么回事。

第二天中午，长官部发出了表扬第8班的文件，师、团、营、连的番号都没记住，只记住了第8班的番号，事迹的情况大致如下：

当我方从前线败退下来时，敌人组织了以战车为首、骑兵为次、步兵为后的庞大追击队冲来。我们败军中有个第8班，由班长带着全班机枪组、步枪组共十几个人正在撤退，眼看敌追击队快要追上。班长对全体战士说："跑不出去了，拼了吧！"于是就在路旁300多米长的玉米地里占领阵地，埋伏下来，待敌追击队进入到射程内，他们让过战车，向日军骑兵开了枪，一挺轻机枪和十几支步枪，在最有效射程内出敌不意，几分钟将日军骑兵全部击毙。

日军步兵还没弄清情况，机枪已扫射过去，敌人知道中了埋伏，回头就跑。我们逃亡中的战士们见敌败了，都立即回头开枪射击，敌战车怕被俘，也回头跑，于是全线转败为胜。

李宗仁司令得报后，给第8班全员晋四级，中士班长晋升为中尉连长，该班扩编为一个连，第8班的英名传遍全战区。

当时如没有第8班的临危赴难，扭转乾坤，则此败甚至会影响战区抗战全局，后果不堪设想。

有血性的第8班兄弟们，历史会记住你们的。

不久，接任我连长职务的孙启敏少校因为作战不利，被调回团部接受处分，空出的连长没人接，连附不行，我被派去兼15连连长，到前方作战。连长按规定是上尉，我是少校营附兼连长。

炮兵作战，就看连长的学术怎么样，连长的学术好，这边还没打完，那边就把阵地选好了，打完马上就变更阵地。等敌人把我们这边的目标测准了，开始试射时，部队已经转移到新阵地了，前后就几分钟。

步兵当到排长、连长这一级，冲锋的时候，连长得先拔刀，跳出战壕带头冲锋，骑兵连长更是。炮兵连长是在高处的观测所，离炮阵地较远，副连长是指挥炮战斗的，听连长的电话作战。

15连全连一共100多人，我把连里边聪明伶俐的兵挑出10个，专门训练这10个人的射击技术，整天训练，但不是去打靶，是让他们打鸟，把飞鸟打下来。每天给一个人发10发子弹，要送回10只鸟来，送不回来就得挨骂，还练不好就打屁股蛋。

连附也支持，我就领他们骑着马找鸟，后来这10个兵都练出来了，举枪就能把鸟打下来，连身后的鸟也是回头就打下来。听后面有动静，还要仔细瞄准？那不用，拿过枪来，手一指，就打下来，蒋介石跟前那些卫士都有这个本事。

打斑鸠、鸽子，这些都好吃，就是乌鸦肉最不好吃，土腥味太重。最好吃的是斑鸠，一个能有四两，襄樊一带的斑鸠非常多。打鸽子不用打到身上，子弹在旁边一冲它就下来了，有些打下来的鸽子都没受伤。

营长说，子弹不多，都消耗了。我跟他讲，兵书上说1000发子弹，999发打靶，一发打敌人。舍不得叫兵打靶，他打不熟，到前线又害怕，更打不着，那不是瞎打么，那时候祸就大了！人家一看你打不着，以为你是新兵，就冲上来了，你要是响一枪倒一个，弹无虚发，敌人就害怕。

每当上前线打完炮撤退的时候，我让连附带着炮赶快跑，我骑着快马领着这10个人在后边压着。看见敌人追兵上来了，我们在后边的这11个人，枪也不响人也不动，不到500米谁也不准发枪。到了500米，一枪打出去就倒一个，敌人一看，马上就都趴下，不敢站着走了，那边刚站起来露出一个脑袋，一枪打倒。

你非得有这样的手段，不练出几个狙击手，能打着敌人吗？如果光听枪响半天也没打死人，他不怕你，打仗就是打薄弱部分，他看这个地方厉害，就躲开了。

战术这东西不是学来的，是要自己悟出来的。

我们骑的马都是快马，是从连里挑的最好的。就带这么10个小骑兵，这些人都跟亲兄弟似的，在一起嘻嘻哈哈，打完了回来大伙就吃红烧肉。

此时，第5战区的东方战场在大洪山东麓随县、历山、凉水沟一带，双方争夺的制高点是擂鼓墩（注：著名的战国早期曾国国君

延伸阅读

1940年五六月间,日本华中派遣军向湖北襄樊及宜昌地区发动强大攻势,其最后攻击目标为战略要地宜昌地区。在持续40余日的战斗中,分为枣阳地区、宜昌地区及反攻三个作战阶段。以后又将这三个作战阶段合并称为"枣宜会战"。

这次作战,是武汉失陷后规模最大的战役。当时进攻之敌,除倾其华中派遣军全力外,并由华东、华北战场抽调部队参加作战。而我第5战区亦在枣阳、宜昌两个作战阶段中,先后使用了23个军的兵力,作战后期第9战区转用的兵力和敌后作战部队尚未包括在内。唯在作战过程中,第5战区在日军强大攻势之下,抵抗脆弱,阵地混乱,以致着着失利。荆门、当阳、沙市、宜昌等地区,迅即陷于敌手。追后虽经大力反攻,亦未奏效。所谓保卫中枢门户的枣宜会战,即于6月中旬终了。

——尚奇翔《枣宜会战纪略》,薛岳、赵子立等著,《正面战场:武汉会战》,中国文史出版社,2016年,第263页

注:第33集团军总司令张自忠将军在枣宜会战中牺牲。

曾侯乙墓在此)。

我方一线部队是22集团军(川军)董宋珩部和11集团军(桂军)黄琪翔部,作战环境非常恶劣,双方的争夺战异常激烈,两方进出距离常在百里左右。

几百里的战场上一片焦土,尸横遍野,野狗成群,血流成河。流浪的野狗红了眼,见到活人也敢袭击。有一次我到外面解手,就遇到一群野狗袭击,被我一排子弹打倒七八只。

有一次战斗胜利了,敌人败退后,我骑着马到战场去看,一看敌我的尸体都没人收,到处都是,有的被野狗掏空肚膛,有的被吃去脸部,鲜血淋淋,惨不忍睹。古人形容战场上白骨成堆,我看到的是带血肉的红骨成堆,这些为国捐躯的无名英雄和功臣,死后……

看完那情景,我回到连部,下马叫人把马刷了,坐在那就傻了。心想我现在是在干什么呢?哎呀,真希望没有战争!

心里就这么想,一天没吃饭,士兵把饭端上来了,就在那看,吃不下去。等一到打仗的时候,心里就想起来九一八事变,日本人屠杀中国人,就打。我本不杀人,敌人杀我啊,这个战场逼得我没办法,就得杀敌人。

所以每一个久经战场的军官都厌战,

都不想打。

打内战的时候,我们打了14年没死的人,都厌战了,所以咱们黄埔很少有投降日本人的,投降共产党的有的是。

我们俘虏过一个日本兵,岁数不大,把他送到后方高级司令部之前,我走到哪,他在后边跟我到哪,不敢离开我,他怕离开我,那些士兵就把他杀了。

后来我派人把他往后方送,我说:"你们不要杀他,他就是一个兵,原来是好好的老百姓,叫军阀逼不得已来了,他家也有父母兄弟,等咱们打完仗了,还能把咱们的俘虏换回来,都把他们杀光了,咱用什么换俘虏啊?"

抗战胜利后,日本把咱们的俘虏放回来时,有的日本人坏,放俘虏的前一天都给吃上毒药,等回来了,过几天就死了,这事有记录。

咱中国人没干过这个缺德事儿,我在前方抓到俘虏,都不杀,投降的更不杀,有的日本兵就自己打着小白旗投降了。有人说日本武士道精神,我心里明白,谁硬他躲谁。

抗战为什么我们越战越强?原先我们的部队比不过日本人,等到反攻的时候,日本部队比不上我们。那时候,日本人逃跑的那个样,有时候我们队伍还没到,他就跑了,兵败如山倒。

军国主义分子就是把老百姓当炮灰,谁要在前方逃跑,后方家里都连坐。为什么几十年

延伸阅读

黄琪翔的第11集团军下属第84军第173师第517团团长凌云上,亲历枣宜会战,他在回忆录中同样提到历山和凉水沟:

此后,第518团以吉家河以北山地为根据地,随时出没于枣阳及随阳店间破坏公路;我率领第517团活动于万福店、唐县镇、净明铺之间,破坏公路及打击敌人,白勉初团长率领之部队活动于太山庙、历山、凉水沟之间。因此敌之后方交通大受威胁,运动困难,乃集中兵力向我进行"扫荡",企图维持其后方运输安全。

我军因战斗多日,弹药及卫生药品均缺乏,乃电请第173师补充。师军械室复电称,唐县镇东北4里处某山沟内有3个坟墓,木牌写有士兵某某之墓,墓中埋有各种弹药,可以按址寻找,掘出使用。我即派出部队于夜间进行挖掘,计得步兵炮弹百余发、步枪弹3万余发。这样我们而后的战斗,就有了把握。

——凌云上《在敌后战斗十二天》,薛岳、赵子立等著,《正面战场:武汉会战》,中国文史出版社,2016年,第285页

第十二章 枣宜会战，真希望没有战争

后还在菲律宾的森林里搜出来日本兵？他为什么不敢回去，在那吃树叶吃了好几十年？逃兵回去要枪毙啊。

回头想想我也流泪了，这些兵恨日本人。

这样的运动战在这里打了一年多，没看到统计双方损失情况的数据，打仗残酷啊。

有一天，一个士兵来报告，说连附林青跑了。

这个林青是广东人，黄埔七分校的毕业生，兼着弹药队长，他也没带武器，公家的东西都给扔下了。

我问朝哪个方向跑的？士兵说就顺着这条马路跑的，我骑上马就撵。大概跑了有三里地，撵上了，他正慌里慌张地往前走。

我在后边喊一声，他回头一看是我，就跪在地上了。我掏出手枪对着他，泪流满面地说："林青，你是黄埔学生，临阵脱逃，对得起先总理在天之灵吗？"

他说："我对不起，我实在对不起，我胆小。"

说完，我和他都大哭起来。

我心想培养一个黄埔同学要花多少钱？留着他起码还是个壮丁，当时心里真不好过。我说："林青啊，林青啊，我对你抱很大的希望，你是黄埔同学啊，你临阵脱逃，于法当杀，可你当见习官就在我连，杀你，我难下手，放了你我违法。"

林青说："营附，你杀了我吧！"

我说："本来你该杀，我实在下不去手。你走吧，我开除你军籍永不录用，从现在你就从人间消失吧，你临阵脱逃肯定是死罪，隐姓埋名当个和尚吧。"

林青又叩了三个头，哭着走了，走几步，回头又作揖。我心如刀绞，拨马而回，跟大伙儿说没撵上，回到屋里晚上饭都没吃。

后来做了报呈，将林青开除军籍，全国通缉。我这个连里边就两个黄埔生，都跑了。副连长都跑了，但那些行伍出身的排长都没跑。

某日，我们全连回到仙人渡 4 营部，54 团部派了一位姓张的老上尉，是总队长张权的堂叔，接了 15 连连长职，我又回到营部。

不久 15 连又调到前方，营部也向前移动。

到月底应当发军饷了，团部军需官把钱送到营部就走人了。每连经费 1000 多元，派谁把钱送到前方去呢？又不能让连长回来取，因为随时会有战斗任务，连长一刻也离不开连队。营部里有副官、文书，把上千元交给他们也不可靠，这些人如果像林青一样跑了不就完了吗？

营长同我研究再三，他也不能离开位置，只有我去送，又不敢带勤务兵。我就带上钱和手枪，骑上坐骑出发了，营部的其他人只知道我是到前方去视察，其实是送钱去了。

当时天冷风大，我骑马顶着风正走着，突然大风吹过来一个飞蓬团物，直奔马肚子，马被吓得往旁边一闪，把我从马背上重重地摔下来，当时痛得就站不起来了。我躺在地上动不得，那马就用嘴来拱我，我抱着马头慢慢站起来，勉强爬上马背。

我到了 15 连把钱送上，看着连长把军饷发到官兵手上。给我的马喂了两个玉米饼子，以表扬它的功劳。我在 15 连住了一夜，第二天一早骑马回到营部，休息了三天身体才痊愈。

抗战的艰难表现在各个方面，不是亲身经历的人，很难体会得到。

1940 年 6 月，教导总队来令，调我回战车防御炮总队部干部训练班当中校教官。

张宇营长送我上船，洒泪而别。

总队部已迁到重庆西偏北百里许的璧山县，我带了一名叫陈必三的勤务兵，从前线回到宜昌。这时我老婆邱国珍在长沙，我在宜昌等她会合后，带着大女儿坐船到重庆。

我们是上午 9 时到的重庆，刚一下船，还没离开港湾大院，船长就出来宣布："有情报，现在日寇飞机已起飞，要来轰炸重庆，你们旅客里是重庆户口、有防空证的，你们就进城。不是重庆户口的就不必进城了，因为没有防空证,进不去防空洞,你们别往城里去,这个江边下面都是悬崖绝壁,就在悬崖底下躲躲就行了。"

我是从前方回来的,根本没有防空证,我们就在一个悬崖底下,背靠石壁,我怀里抱着女儿荣荣,把行李放到前边。

十几分钟后,听到警报声和飞机轰鸣声,轮船早快速开往下游的江滨山崖下去了。外地来的没有防空证的人,都躲到江边,互相都说这个地方最保险,悬崖都是凹进去的,敌人投炸弹就投到江里去了。有的地方虽然直立,炸弹怎么那么巧就扔到头顶上?

结果江边的一个也没死,日本人也没往江边扔炸弹,炸弹都落到闹市区,多处起火。本来敌机把炸弹一扔就可以飞走了,但这次扔完却不走,还在上空呜呜盘旋,用机枪打,一直搞了40多分钟。

等防空警报解除,我们一进城就听说了,很多进防空洞的人被憋死了。一看,惨了,防空洞门前围满了人,从洞里不断往外运尸体,因防空洞里空气不流通,缺氧把人闷死了。死了多少,当时谁也不知道。施救的人、围观的人都流着泪,有的放声大哭,有的高声责骂造防空洞的人、看守防空洞的人。

看守防空洞的宪兵也被老百姓打了,宪兵官则把看守防空洞的兵打得口鼻直流血。我在一旁说:"你现在打死他也没用,罪在防空指挥部,盲目地挖洞,不懂科学,打守洞的兵有啥用?"

重庆的防空洞很多,国民政府、市政府部长级以上的和有钱的人,都挖了自己的防空洞,他们的家都靠着山。至于委员长,当然更有单独的防空洞。

剩下的就是大防空洞,分甲级、乙级、丙级。

能进甲级防空洞的是处级人员,在军队里处长是上校、少将军衔,处员是中、少校军衔,这些人进甲级防空洞;科级以下进乙级防空洞;平民百姓买得起防空证的,就进丙级防空洞。每个洞口都有宪兵把门,门是铁门。

没有防空证，就在外边自己找地方躲。

大防空洞可容上千人，有座位，钢筋水泥的门，一般人进不去，有宪兵守门。市民防空洞则大小不一，没有任何设备，有居民证就可进去。

敌人飞机一来，就把防空洞铁门都锁上，不准进人也不准出人，所以这次敌人轰炸了40多分钟，防空洞里就缺氧了。

防空洞都是一个直洞子，死胡同，一挖进去几十米，在门口安个门，洞里没有换气设备。等我进到城里去的时候，赶上红十字会、宪兵从防空洞里往外拖尸首，拖出来都是西装革履的，还有军官。

我在那看着，甲级防空洞门前就有一大排筐，手表、金戒指、金项链等，大抬筐都装满了。人死了拖出来，就把这些东西给摘下来，还有钱，都往大抬筐里扔。光是我看到从遇难者身上搜下的手表、金笔、首饰、钱币等，就有几大筐。

国民党的规定是，上尉以上的军官，有矫正宪兵错误的权利，中尉以下没有权。我戴着少校领章，就对宪兵说："我说你搁这躲着，不知道锁上门里面的人会憋死吗？为什么不能开，就让人在这憋死？将来你的责任脱不了。"

他说："规定就让我们这么做。"

其实日本飞机真没炸死几个人，也没炸塌几个房子，扔下来的都是100磅的小炸弹，就是以杀伤为主。

因我忙着要赶往重庆西45公里的璧山，就没有久留。

第二天起早，雇了两辆黄包车，拉着我们几口人和行李，一直走到晚9点，才到璧山陈家碉楼总队部驻地。找到总队部直属机械化第2营孟昭乾营长，他是我模范队时的小同学，我们就在他家住下了。

次日到总队部报到。

第二天就看见报纸了，报纸做了公布，有很多国民政府、重庆市政府的官员遇难，结果政府工作几天无头绪，办公都停止了，许多住宅因为全家遇难没人回来开门。其中不知有多少中华民族的精英、专家、教授、高级科技人才，需要多少资金、时间才能培养出这些难得的人才。

这是个大惨案，这是敌人所达不到的，这是我们抗战中的一大损失，也是一大漏洞，更是一大耻辱。

1940年6月1日，我晋升中校教官，实任教务处研究组长，负责编写干部训练班军官班的教材事宜。这期间我编写了近10万字的《战车防御炮战斗指挥纲要》，经总队长批示，作为干部训练班的战术教本。

干部训练班军官队的学员，主要是战车防御炮各团的营附、连长、排长等，学期为一年。

就是这时，我向军政部监察处检举了一件贪污案。这是以炮54团第5营上校营长郝嘉禧和总队部直属机械化第3营上校营长申风岗为首的贪污集团，他们扣卖了抗日后援会赠送前方抗战官兵的一批慰劳品。

我在一线部队打仗时，看到别的部队官兵都得到了白毛巾、搪瓷杯、白衬衣等后援会的赠品，唯独我们战车防御炮部队没有。我又亲眼看到当时在前方作战的54团第3营中校营长申风岗，不在前方指挥，反而在小后方嫖娼，而且长期包租妓女。我想，他哪里来的这么多钱呢？而他的作风又太无耻了，我就怀疑他有贪污得来的钱。

等我从前方调回总队部晋升为中校教官，申风岗已从中校升为总队部直属机械化第3营上校营长。按当时的军制规定，担任营长的通常是少校，也可上下浮动一级，即可以用中校，也可用上尉，而用上校当营长，与军制不合。所以申风岗作为营长却挂上校衔，其中定有隐情。

因为种种怪现象，促使我对他进行了深入的调查。结果有充分证据认定，就是以申风岗、郝嘉禧为首扣卖了慰劳品。

没想到这封检举信给我惹来了麻烦，我被扣上了"通共"的红帽子关起来。

好在此时正赶上全国炮兵总指挥邹作华来战车防御炮教导总队举行阅兵，邹作华是我在炮兵学校学习时的教育长，又是东北老乡，思想很进步，一向爱护进步青年。

炮兵总指挥行辕就驻在战车防御炮教导总队附近，我们教研组的上尉助教杨风虎，趁夜闯进总指挥行辕。接待他的是行辕参谋处长项克恭，是我炮校的同学，杨风虎一见到他，就大哭喊冤说："瀛教官被关押，命在旦夕，请总指挥做主。"项处长说："瀛教官可是瀛云萍？"杨风虎说："正是！"于是把大致情况述说一遍。项处长立即向总指挥做了汇报，而后吩咐杨风虎赶快回去，说总指挥已经知道。

第二天，邹作华总指挥在台上点名，点到瀛云萍时，看到我的名字上贴的出差红条。

邹作华笑呵呵地指着我的名字对张权说："小瀛这小子业务能力很强，就是脾气不好，好管闲事，你要多教育啊。"张权连声说："是的，是的！"

当晚我就被解除关押，换了衣服，被请到张权家吃晚饭。

张权说："咱们是故人，我很希望你在这里，可你脾气太坏，又爱管闲事，得罪了不少人，才闹出这桩不愉快的事。看来你在这里不好干了，我介绍你去黄埔军校任教吧，你是能胜任的，介绍信已写好了。"

他把介绍信递给我，接着说："给你准备好了专车，你太太已在旅店里等你，明早起程。"

到旅店后，杨风虎助教早已等在那里，我才知道详情，当即向杨助教敬礼深谢，这次实在是邹老师、杨助教救了我一命。

去成都途中，开车的司机还奉张权吩咐，请我们一家在饭店吃饭，饭后一直送到我的同学舒玉瓒，也就是舒二哥家，这时舒玉瓒在成都黄埔军校任上校战术教官。

投奔战车砲教导总队	"泗阳义弟",他是中华民族高度文明的化身——忠义千秋! 我到沙市后,找不到刘司令的消息,也不知军政部要塞科何在。又考虑到从南京撤退时,有赴总台附的手令为凭,此次在武汉突围,我为总台附,谁也没给我突围命令,我也没给谁突围命令,全军覆没,功罪无凭,我何必去自找麻烦,另作他图吧。旋得知我在步校任助教时的班主任张叔将军在湘潭负责编组战车防御砲部队,于是我到湘潭投奔了张叔。
1939年.10月 开往湖北抗日前线	他命我当他干训班军士队长,旋开赴广西兴安练兵,旋又调我为砲54团四营营附兼15连长,于1939年10月开赴湖北第五战区(司令长官李宗仁,驻老河口)前线作战。到前方打了七个多月野战,与日伪军混战于枣阳,随县一带,运动量很大,作战环境很困难,敌我双方的伤亡都很大,我方阵亡将士无数,战场上尸骨无人收,惨不忍睹。1940年6月我被调回战车防御砲教导总队部(时在四川重庆璧山)任中校教官,负责为干部训练班编写教材,我编写了《战车防御砲战斗指挥纲要》为干训班军官队教本。
1940年6月调回重庆为中校教官	这时该总队部贪污腐化到不堪设想的地步,是真"鸟兽不可与同群",内幕很复杂,万言难尽。我在这里过不下去,张叔把我介绍到成都中央军校本校(俗称"黄埔军校")去任教。
1941年1月到黄埔军校任教	我1941年1月到成都,通过考试,到该校炮兵科任中校兵器教官。 军校的规定,凡外部队员回军校任职者,均须经过

瀛云萍手稿

(1941年到黄埔军校任教)

第十三章　黄埔军校上校兵器教官

我到黄埔军校通过考试，分到炮兵科任中校兵器教官。

军校规定，凡外部队的军官到军校任职，均需通过考试，90分以上的原级任用，70分至89分的降一级任用，69分以下的不任用。我考了98分，所以能够原级任用。

前后学习八年的兵学，让我的考试无不获胜。

在黄埔任教这段时间，我创建了"内膛炮射击操练法"，就是在小型射击场上以枪弹从炮里射击，可收到用实弹射击的效果，从而节省很多练习炮弹，以用于抗战前线。

我在前方深感炮少、炮弹更少的痛苦，到了军校，看到炮兵科学生操练、实弹射击，每名学生在三年学习期间不知要打多少炮弹，这些炮弹省下来送到前线去打日寇该多好呢？

经过一番思考和实践，我终于研究出用枪弹代替炮弹的办法。

方法是把旧枪管装到炮管里，学生照常操炮，射击时把枪弹装入炮管内的旧枪管里，照用炮门，射出的却是枪弹，因炮管的共鸣作用，也是轰隆一响，声音如炮。

1000发枪弹只用一发炮弹的成本，学生的射击操练次数既可以增多，又可省下炮弹用于实弹杀敌，一举两得。

怎么把旧枪管装入炮管呢？先把枪管镶嵌在炮弹空壳内，后把炮弹壳穿通嵌上枪管，枪管前头再镶上个铜环与炮管密合，把这一组从后面像装炮弹似的装入炮管，关上炮门，内膛炮就制造完成。操练实弹射击时就把枪弹装入内膛炮的枪管内，其全名称为"内装枪管炮"。

同时，按比例做出小型内膛炮演习实弹射击场，就在大操场的一头即可，也不用到野外去了。

我把方案做好后，看机会向炮兵科科长王昌文将军、主任教官谢质生上校做了详细汇报。大家都是内行人，一说就明白，两位领导大喜，立即上报教育处处长陈树农中将、副处长于万里少将。我在南京步校当助教时，于万里在步校任少校教官。两位处长与王科长立即座谈，他们评价都很好，立即批了照办，命王昌文科长负全责。

王昌文科长把炮兵大队长调来与我详谈，又把修械所郭所长请来，商谈改装工作问题。郭所长是工程师，一讲就通，两天就把改装工作完成，拉到炮兵大队试用。接着修建小型射击场，这期间我上课的任务照常。

又过三个月，教学内膛炮操练成功，教育长报请军训部长白崇禧来检阅。

等到白崇禧部长来时，我已考入黄埔军校战术研究班学习，是穿着学员服装去拜见的。白崇禧看完教学内膛炮射击演练后，握着我的手说："您好好学习，多为国家做贡献。"

我研究的《马匹登车登船训练场》也为抗战做出了贡献，因此得到一枚奖章和一笔奖金。

我到骑兵科操场上去看过几次骑兵训练，还到马厩里观察他们养马的情况，结合我自己当炮兵连长时养马、用马的实际经验，设计了一套训练马匹登车登船的办法，主要是解决登跳板、进火车黑车厢，船上摇晃、害怕等问题。

我的解决方案是，马是很喜欢吃青草的，马厩内的马匹，春、夏、秋三季每天都赶到野外去放青，利用它这种习性，在马厩大门外修上一条旧铁路，铁路装上一排用破旧木料做的假车厢，挡住大门，正对着大门的车厢前后两端都开门，设上水泥板的跳板。院外种上马匹最爱吃的苜蓿草，在院里就可看到院外，进入车厢，下跳板就能吃到苜蓿草。

第十三章　黄埔军校上校兵器教官

先把马匹赶到院内大门口，让它能看到车厢外的苜蓿草，但不强迫它上跳板，车厢里放置炒黄豆面等香饲料，端着让马看着、闻着，但不给它吃，也不给其他食物。

时间稍久，有的小马就自己跑进车厢去吃香料了，上去的小马多了，大马自然也就上去了。这样过几天，逐渐把水泥跳板换上厚木板，再逐渐把跳板的宽度变窄，最后变到普通跳板，只需三个月就能完成训练。

苜蓿草能长一米多高，分枝很多，成熟后割下晒干，又是冬天喂马的最佳饲料，喂苜蓿草就不用加料。

当马上下跳板、进火车厢习以为常后，就在苜蓿草田中挖出一条河与铁路接上，在火车正门前的河里放上一条比河稍窄的渡船，两侧上下都设跳板，马匹上火车后，又必须上船、下船后，才能到野外放青。这时它们对跳板已不害怕，过船训练三五天即可完成。

我把计划写完呈给校部后，立即批下，由骑兵科、马厩配合施行，只用了半年就大功告成。

由军训部主持在我校开的现场会，全国乘马兵科都派代表来参观学习推广，不知军训部给学校奖了多少钱，我得到手的是 200 元大洋。

黄埔军校的教授级（上校）教官们大多是保定军校毕业，他们从陆军小学到预备学校再到保定军校共读九年兵学，水平很高，我们后辈教官不能与老教官们平起平坐，都得对他们执弟子礼。

我当时是副教授级（中校），更不被他们看在眼里。可当我有了以上两项创建后，情况就改变了，他们对我这个在抗日战场上身经百战，又有八年兵学修养的青年教师不再轻视了。这些老教官，很多都是从校门到校门的教书匠，也有的打过内战，但在国际战场上比试过的几乎没有，他们从心里对我转变了认识，因此我在黄埔任教的心情是很舒畅的。

1942 年，抗战进入到相持阶段，两边谁也打不动谁了。就是这个时期，学校成立补训总队，把过去还没完成学业就派到抗日战场上去的 14、15、16 期学生又招回来，补上没完成的学科。

为什么要给这三期学生成立补训总队，这些内情只有在黄埔里边的才知道。

黄埔14、15、16期先后毕业学员有近万人，只招回来千余人，大多已在抗日战场上殉国。

抗战前方的干部里排长死得太多了，黄埔各分校加一起每年毕业一万多人，分到前方一般都是少尉排长、中尉排长，战死了后方就要往前方补充，后来一期毕业一万人都补充不上了。

黄埔毕业生累计有20多万，到抗战结束就剩4万多人。

抗战为什么打了14年之久，就因为初期阶段不能跟日本决战，决战就是跟他拼了，打胜打败就这一下子，如果那时候决战，咱们军队就全打没了，连跟日本打仗的人都没有了，人家就把中国占领了。

抗战初期咱们国民军兵也不行，将也不行，怎么跟日本拼？兵都是从农村征来的一个字不识的农民，将都是黄埔前几期六个月毕业的，从军事教育来说，六个月连新兵训练都不够，更不用说

延伸阅读

以本校14期6总队为例，学生们是在1937年底入伍，1939年初毕业的，从入伍到毕业只有短短的一年多时间，远远没有达到初级军官养成所必需的学习时限。校方和学生心里都明白，这就是抗战应急的需要。所以，当14期学生在离校4年后（即1942年冬天）正在各战区各部队服役时，军训部鉴于战况有所缓和，为了让他们学完课程，又调回本校补课。校方的关心，使同学们感动不已！

所谓补训，是指学生未能完成学习计划即提前毕业，后又重返学校"回炉再造"。补训的单位全衔是"中国国民党中央陆军军官学校14、15、16期学生补训总队"。本校的补训总队设在北较场西院，那里是5年前14期6总队升学的老地方。学校教育长仍是万耀煌，总队长是李允中，大队长、队长大多数已有变动，区队长基本上是13期的留校同学，补训的训练计划是由教育处拟定，交补训总队执行的。训练时间为一年，从1943年3月4日开始至1944年3月期满。

在补训期间，校长蒋介石有时也来学校小住，补训总队的寝室与校长官邸邻近，有的同学在校内城墙上散步时，就遇见过蒋氏夫妇二人。其他大员如军训部长白崇禧、军政部长何应钦、财政部长孔祥熙等也曾分别来到学校视察并讲话。

——《黄埔军校14、15、16期学生补训总队始末》，黄哲嗣，《黄埔》，2011年第6期，第5页

战术了。新兵还要训练一年，让这些人当连长、团长、师长，怎么能行呢？这个军队能不能打仗，主要就看这三级，在军中是最重要的三级。

当时日军的团长、旅长、师长都是陆军大学毕业。直到抗战末期，咱们进入反攻阶段了，日军陆大毕业当师长、团长的很少了，都当高级军官了，很多团长、师长都是士官学校毕业，指挥能力就降下来了。

但到了抗战后期，中国就反过来了，士兵不全是农村来的，沦陷区的一些青年待不下去，跑到后方逃难，很多人是初中毕业、高中毕业，这些学生没地方去，就投军，爱国热情越高越投军。这时兵员有的是，上哪都不用征兵，把旗一打出来说招兵的，好多人来报名。黄埔第8期开始招收高中毕业生，这以后的学制都是三年，到了抗战末期反攻阶段，这批人就当了团长、旅长、师长了。

召回来的14、15、16期学生，都是身经百战，有着丰富实战经验的战将，有的已当上团长，谁给他们上课呢？谁当他们的带队官？

学校为此抽调了一批优秀干部，组成了一个补训总队干部班，先行受训。

学校命炮兵科选派高质量教官，给补训总队干部班讲《射击教范》。这门课不是大教程，是初级学生入学时学的，炮兵科里没有这个课程，通常由队里的军官教，不是教官教。

炮兵科科长王昌文将军、谢主任都犯了难，请哪位老教官都不敢教，因为他们讲的都是高级大教程，谁也没把《射击教范》当学问，早把这些小课程忘光了，实际其中大有文章。

我看到科长、主任为难的样子，就自告奋勇地说："科座，实在没人教，我去抵挡一阵行不？"科长瞪大眼睛说："怎么，小瀛，你敢去教？"我坚定地说："敢！"科长喟然长叹说："想不到千里马就在眼前！"于是决定由我出台。

一周后，我登上补训总队干部班的讲台，在教室里就座的是以总队长李士奇将军为首的全总队受训干部。

我一上台，四座愕然，其中有我的老同学说："小瀛，别闹着玩，我们是来正式听课的。"我笑着说："这怎么能闹着玩，我是奉命来讲课的。"我对李士奇将军说："李将军，请喊起立，行上课礼！"

一堂课讲完，李将军带头说："老师讲得好，我们受益很多，谁想到小小的典范令里竟有这么多的学问！"

有一位少校队长是我在东北军校的老同学，年长于我，他对我说："小瀛，我只知道你作战有两下子，想不到你兵学水平如此之高，这些'大弟子'们对你讲的都很佩服，你给咱们同学增了光，给这样的班上了课，你在学校的声誉登峰了。"

从此，听过我讲课的将军、上校、中校，见我都行弟子礼，黄埔军校是最重师道的，一日门墙，终身弟子。

等到补训总队开学后，兵器学自然由我来讲授。

可没多久，补训总队的学员就闹起了学潮。

学校对补训总队的教育虽然做了一些准备，但与学员们的期望相差甚远。这些学员全是抗战在第一线的民族战士、国家的功臣，回到后方看到官场腐败、官员贪污腐化，加上进步思想在学校传播，诸种原因促成了大学潮。

闹学潮时，我正在给补训总队的学员讲课，忽见外面的学员满院追打官员和教官，带队官都被打得狼狈不堪，满身被写上粉笔字"误人子弟""灯官""牛皮匠""白薯"等字样，有的满身被洒上红、蓝墨水，喊叫声、怒骂声混成一片。

我一看就明白了，于是对我班的学员说："闹学潮了，你们自然得参加，咱们下课吧。"

正说话间，外面的学生就把教室包围了，许多学生手拿墨水瓶、粉笔头等打人用的东西，大声高喊："误人子弟的家伙们下课吧！"我班的同学立即跑出门，对外面的学生们说："这是咱们的好老师，也是在抗战前线身经百战的功臣，不能打。"于是我班同学围着我，把我护送出校门。

事后得知学生打的主要对象是总务处，学生们砸了总务处的办公室，负责财务的官员被打耳光或涂墨水，有的背上写上"贪污犯"的大字，不准出校门。

学生又到总务处长家砸了他的全部红木家具，还砸了教育长陈继承（注：陈继承，江苏省靖江市人，1942年5月，因这次学潮被免职闲居两年，此后曾任重庆卫戍总司令部副总司令、第6战区副司令长官、华北"剿匪"总司令部第一副总司令等职。后去台湾。1971年过世，年78岁）的办公室。

教务处没被砸，但在门上贴上要求和希望，提出不称职的教官不得再上课，有的直指姓名。

军事学校闹学潮，是中国历史上前所未有的，蒋介石亲自来学校整顿。

教育长陈继承被撤职，湖北省主席万耀煌（注：万耀煌，湖北省武汉市人。国民党陆军二级上将，曾"围剿"中央红军。抗战胜利曾任湖北省政府主席，1949年去台湾。1977年过世，终年86岁）任黄埔军校教育长。总务处长被撤职，不称职的教职员工也撤了不少。把领头闹事的学生逮捕了12名，还逮捕了一名替学生说话的东北籍队长。

对我这个没有被打的教官，特党部的人两次到家谈话，再三追问："学生为何不打你？"我的答复很简单："我讲的课学生满意，我讲的是纯技术课，从不讲技术以外的话。"我又反问他们："难道教官被打对学校是件光荣的事吗？"

万耀煌教育长到任后，鉴于补训总队的学潮，对新招的高教班做了充分准备。

高教班是召集校级和少将级的现职军官，进行现代军事科学教育的班级，因为他们过去学过的兵学知识有的已经落后了，所以给这样级别的学员上课很是不易。

万耀煌当过陆军大学的教育长，是个教育行家，他对给高教班上课的教官人选很重视，亲自召集各科长开会，严格选定。

炮兵科选我去教高教班炮兵战术，我是补训总队学潮时唯一由学生护送离开学校的教官，已驰名全校，所以炮兵科把我推了出来。但我在补训总队的课也不能不上，所以到高教班算兼课，另付薪酬。

高教班开学那天，师生行见面礼，当介绍到我时，学员们都笑了，因为其他教官都是教授级（上校）的老先生，只有我一个是中校，而且当时只有28岁。学员们可能心里想，这不是闹笑话吗？

学员们的年龄都比我大，都是历经实战的，哪会看得起一个青年教官？所以上课后，我首先介绍自己的学历和抗战经历，学员们这才知道我也是刚从前线回来的老战友。

我讲课时，经常与实战相结合，和那些从书本到书本的教官们比，自然生动出色，所以我在高教班的教学是成功的，得到学员们很高的评价。

有一次，唐生智到学校来，和教育长陈继承在操场上。唐生智问陈继承，学生正在用的七九步枪是多大射程？初速多大？陈继承被问住了，当时脸就红了，我是兵器教官，当时在场，就站出来了，说："射程2200，初速800。"

唐生智一看，这小伙敢说话，就笑了，他说："你怎么记得？"

我回答说："这个是典范令里教的。"我小时候念这个玩意儿背得熟。不但是将官，就是有些校官也都把它忘了，当校官也不下操场教学生，那是尉官的事。谁知道我现在还记得，就这样给教育长解围了。

1942年秋，学校招考第6期战术研究班，这是专门为军校培养的战术师资，中、高级军官都可报考。经过考试，我独占鳌头，考进去了，这使我在学校的身价更高了，连万教育长也认识了我这个年轻教官，几次同我单独交谈。

第6期战术研究班的学生中，有一名少将和4名上校，其余都是中校、少校和上尉，共有42名学生。班主任是杜显信（注：杜显信，今山东省龙口市人，曾任东北"剿总"少将炮兵指挥官）将军，后来去了台湾。

1943年6月,我在班里学习到五个月时,以中校年资满三年、连年考级甲等的资历,由学校上报军训部转军委会批准晋级上校,时年29岁。

蒋介石的住宅就在黄埔军校院里,有时候穿着便衣,拄着根棍散步。他一穿便衣就拄棍儿,像个老头,不一定溜达到哪个教室就进去了,坐那听课。他一进去先给教官行礼,有的教官吓得说不出话来。他到我那,我不害怕;他给我敬礼,我给他敬两个礼;他坐下,我照常该怎么讲就怎么讲。我从小养成这么一个习惯,就是谁也不怕。他来了,我讲得更来劲了,他就笑了,点点头。

这期间,夏声剧社(注:夏声剧社,1938年成立,以振兴民族艺术、传扬华夏之声为宗旨。解放战争期间,并入第3野战军政治部文艺工作第3团)曾到成都军校黄埔本校义演《岳武穆》。剧情演到关键时,全校师生无不流泪,我那些年也经常唱岳飞的《满江红》以自勉。

在这期间,"中央军校"学兵队已经改名为军校特教班,常驻泸州,辖有化学兵一师之众。李忍涛升化学兵少将司令,后来我听说了他飞机失事的消息。

延伸阅读

  1943年2月，李忍涛奉命率领学兵总队炮兵第1、2两个团参加中国远征军，先到印度兰姆加接受美式装备，改装有膛线105毫米化学迫击炮，每连8门，每营24门。全团72门。这种炮，能发射各种化学炮弹和爆炸弹，射速快，威力大，易于拆卸转移，机动性强，是一种最适合印缅山地作战的理想武器。反攻缅北战役开始，炮1团改为中国驻印重炮1团，分别配属给新一军和新六军，在挺进胡康、孟拱河谷，回攻密支那，收复八莫等战斗中发挥了巨大的作用。炮2团与美、英炮兵各一团合编为南亚盟军炮兵旅。在进攻曼德勒，牵制敌人，支援密支那的战斗中打得很出色，炮2团曾创一个排俘虏敌一个连的光荣纪录。

  1943年10月24日，李忍涛为了协调蒋介石与史迪威之间的关系，视察慰问炮1、2团前线官兵及洽办炮兵装备问题，衔何应钦之命，再度飞往印度。他几次面见史迪威，运用他和史迪威在维金尼亚军校先后同学的关系，从中斡旋疏通，使蒋介石与史迪威的关系有所改善。以后他又赴前线慰问官兵，鼓舞士气。10月28日，他乘机返国复命，不幸遭到敌机截击，座机被击落身亡，时年39岁。当时重庆当局以为是飞机触山坠毁，曾电令云南省政府转饬边境各县分头寻找飞机残骸，同时盟军也派出飞机搜寻，均无所获。直到1984年，台湾在一份日军档案中查出有"1943年10月28日，在缅北上空击落中国飞机一架，上有中国化学兵司令官"等记载，李忍涛为国殉难的真相才算弄清。

  ——《抗日名将李忍涛》，高云贵，《文史天地》，2005年第4期，第25页

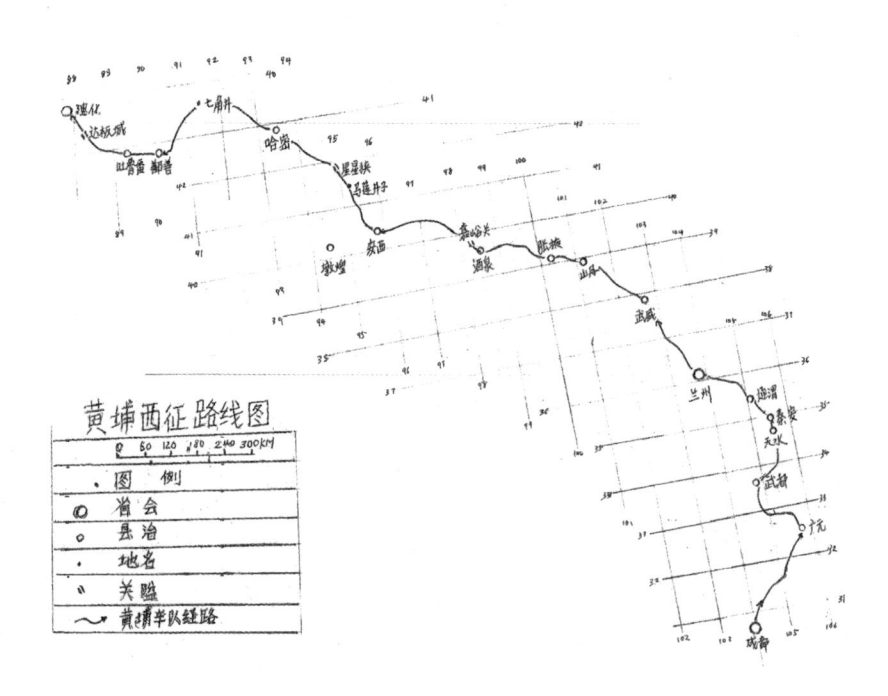

黄埔西征路线图　瀛云萍绘

第十四章　黄埔西征，制约盛世才

黄埔西征的目的，是为了制约新疆省主席盛世才［注：盛世才，国民党陆军上将，辽宁省开原市人，曾任新疆省政府主席兼黄埔军校第九分校（新疆分校）上将主任等职，长期统治新疆。1949年后到台湾，1970年过世］搞脱离中国的"独立王国"运动，我是亲自参加了黄埔西征，所以有责任、有义务把这段史实写出来。

盛世才统一新疆后，不悬挂中华民国青天白日满地红旗，而是制作了一个蓝地、中间有一个红六星的旗，称为新疆旗，也不明确说这是国旗还是省旗。同时施行法西斯统治，屡兴大狱，杀人如麻。

此人是个唯利是图、投机取巧的小人，没有为祖国、为民族谋福利的思想与愿望，一切行为都是以其个人利益为目的。

他采取亲苏政策，可当苏联对德战争失利时，他认为苏联不行了，又向蒋介石政权靠拢。为表示忠心，准许国民政府派官员进入新疆任职，把他自办的新疆军校改为黄埔军校第九分校，自任主任，并请国民政府为九分校招500名学生，再派一些优秀教官到新疆任教。

国民政府对他的为人处世、德行早已心中有数，将计就计，于是就有了黄埔西征这段历史。

成都军校选择派往新疆的人员，主要以和东北有关系并有爱国思想为前提，官员都携家眷，事先由万耀煌教育长谈话。

谈到我时，我马上答应，愿到边疆服务。

一起去新疆的教官，还有上校教官吴锡钧，东北人；胡栋臣，东北讲武堂毕业；朱颢，东北讲武堂毕业；王秀豪，东北人。

盛世才得到名单后，回电表示欢迎。

学校从学期已满的20期学员中抽出500名，编成4个连，组成一个学生营，由东北人王凤麟中校为营长，赵安常中校为营附，他是我在战术研究班的同学。

又从中国银行征用32辆大卡车，装载我们全部约600名官兵，由成都出发开往迪化（今乌鲁木齐）。

出发时，学生是徒手的。到兰州后，奉命装备了当时最现代化的枪炮，然后继续前进。

在我们黄埔车队后面跟进的，是邮局的31辆邮件车队，上面坐有搭便车的旅客300多人。

当盛世才得知我们武装入新疆的消息后，不敢公开对抗重庆，就暗下毒手，派出一个营的骑兵改扮成土匪，埋伏在安西县（今瓜州县）西部马莲井子附近的山地中，并在这段公路上埋了300多颗地雷，准备黄埔车队进入地雷阵后，全部炸光。

这些我们全不知情，按计划照常前进。

到安西县城时，距敦煌千佛洞只有百余里。我觉得敦煌这样驰名中外史学界的历史名胜就在眼前，不趁此机会前往一观，以后再想来看恐怕很难，就提议师生们应去参观一下千佛洞。

我先说服了几位上校教官，又和带学生的营长、营附商量，并说明我这次受有万耀煌教育长命令，肩负调查西北国防地理的责任，敦煌也在我调查范围之内，一切由我对教育长负责。

于是定下来在安西休驻两天，派一辆车去敦煌，愿意去的找我报名。

我们在安西驻下后，跟着我们的31辆邮局车队继续前行，结果进入了马莲井子地雷阵，扮成匪徒的盛世才部距地雷阵有3000米的距离，这天的风沙又大，他们错认为是我们黄埔的车队，按发了地雷，把31辆邮车全部炸成粉末。可怜邮车队为我们当了替死鬼。

延伸阅读

  盛世才虽与国民政府达成了四项协议，但仍然阳奉阴违地采用各种卑鄙手段阻止国民党势力进入新疆。国民政府对盛世才的所作所为洞若观火，为了充实新疆的守备力量，控制盛世才，不让新疆从中国分裂出去，国民政府军事委员会军训部命令从"中央陆军军官学校"本校20期入伍生队和委员长侍从室抽选精锐，组成"现代班超赴新大队"，火速前往新疆迪化第九分校入学，一边学习，一边保卫迪化，以稳定新疆局势（注：班超，东汉名将，外交家，是开拓和维持汉朝与西域关系的重要人物）。

  ——《蒋介石派黄埔学员紧急进驻新疆》，蒋重明，《文史博览》，2015年第12期，第28—29页

  1944年5月24日，"现代班超赴新大队"近500名官兵（包括勤杂人员）齐聚成都新都宝光寺广场，聆听黄埔本校教育长万耀煌的训话："新疆地大物博，资源丰富，是个好地方。新疆系多民族地区，情况极为复杂，你们要搞好民族团结，要注意当地的风土人情。你们要保卫新疆安宁，要开发大西北。你们400多位同学，就是现代的班超……"

  训话结束后，赴新大队学员们立即登车，分乘18辆大卡车向新疆出发。

  "现代班超赴新大队"在大队长王凤麟、副大队长赵安常的率领下，高唱"现代班超赴新大队"队歌《玉门出塞》："左公柳拂玉门晓，塞上春光好！天山融雪灌田畴，大漠飞沙旋落照。沙漠中水草堆，好似仙人岛。过瓜田碧玉丛丛，望马群白浪滔滔。想出使张骞，定远班超，汉唐先贤经营早。当年是匈奴游牧，将来是欧亚孔道，经营行早，莫让碧眼儿在西域衅挑！"伴随着歌声，官兵们热血澎湃，慷慨激昂地奔向新疆！

  ——《蒋介石派黄埔学员紧急进驻新疆》，蒋重明，《文史博览》，2015年第12期，第29页

接着他们又趁势杀出，到现场一看不是黄埔车队，为了不走漏真情，把马莲井子居民 200 余户，约千余人，全都杀光了。

惨案发生后，第 8 战区司令朱绍良（注：朱绍良，福建省福州人，日本陆军士官学校毕业，国民党陆军一级上将，曾任第 9 集团军总司令、第 8 战区司令长官、福州绥靖公署主任等职。1949 年去台湾，1963 年过世，终年 72 岁）立即派工兵一个连，前往扫清残余地雷，修复道路，掩埋尸体，又派一个连的步兵进驻马莲井子村。

当晚，"匪帮"又大举来袭，步兵连长早有准备，把全连机枪都架在房顶上，一阵机枪扫射把"匪帮"击退，俘虏两名"伤匪"，从两名"伤匪"口供中才得知一切真相。

朱绍良发电责问盛世才，盛世才矢口否认，竟无耻地说："事发在甘肃省境内，与我新疆省主席何干？"

我们驻安西的黄埔车队共有近 600 人，去敦煌参观的没几个人，大多数人对敦煌不了解，也不感兴趣，有的人还认为我是节外生枝。那天刚巧正赶上大风沙，连安西县政府的后土墙都吹倒了，因此敦煌没去成。当大家得知"马莲井子惨案"后，所有人都吓出一身冷汗。

第二天，我们战备西行到马莲井子，见每家每户屋里都是血迹，马路边、沙堆上到处是成堆的尸体，都是无头、四肢不全或半截身的，惨不忍睹。全体师生大放悲声，跪倒磕头，发誓要杀掉盛世才和"匪帮"，给这些替我们死难的忠魂报仇雪恨。

可惜后来蒋介石既没杀盛世才，也没追究这营"匪帮"的罪行。

马莲井子的居民，是历代西征军在西征路上遗留下的一个汉族聚落，是历代忠良义士的后裔，被盛世才一夜之间消灭无存。

我们当即给成都本校发电报，请示下一步行动，回电命令继续战备西进。

于是我们继续前进，到星星峡驻了一夜，盛世才的招待所对我们以盛宴招待，我们都由军医对饭菜检验后才敢食用。

第二天继续西进，车队从星星峡往哈密方向前进不远，就见公路西南沙丘上站立十多只大雕，见我们车队到，它们展翅向东北飞去，两翅全长约有两米多。

当天晚上到了哈密，哈密驻有进入新疆的预备第7师一个团，我们当即和他们取得密切联系。盛世才此时已决心谋反，对我们黄埔西征军表面上给以优厚待遇，但不准我们继续往西进入迪化，所以我们就在哈密驻扎下来。

这期间，我到民间采访史地资料，问到来路遇到的大鸟，他们说这种鸟叫骸骨雕，能将一只整羊抓到天空带走吃掉，也能伤人，旅途上一个人走，遇到它就会有危险。但我查看《辞海》《生物词典》都没有这种鸟的记载。

一个多月后，经校长蒋介石与盛世才反复交涉，盛世才终于准许我们进驻迪化北门外的第九分校军校，但不准进城。

我们由哈密出发，当天到鄯善，驻了两天，详细侦察了情况，再经吐鲁番、达坂城，绕过迪化东城外到了城北的军校。

学生营先住进校舍，眷属都暂时住在附近的民房。

该校原副主任龚愚少将是黄埔6期的，已经被盛世才吓破了胆，我们一到，急忙把军事指挥权交给我们5名上校集体负责。

新疆军校的师生们则纷纷向我们靠拢，表示坚决拥护统一，与盛世才脱离关系。我们把带去的学生和原新疆军校学生合编成一个大队，由原新疆军校大队长李×（黄埔10期）任新编大队大队长。

我们带来的军官眷属，都在眷属大院分配了住房，我被选为眷属院院长。

刚开始我们对新疆军校的师生还怀有戒心，新疆军校的教官多是东北人，我们这些东北籍的教官就起到了中间作用，经常以同乡关系和他们谈心，他们都表示绝不背叛祖国。我们又向师生们普遍展开工作，大家团结在一起，既然已经改为黄埔军校第九分校，自然一切听从命令。

盛世才施行法西斯统治，每个公务员早晨上班，都不知晚上能不能回来，谁是什么时候被捕的，谁也不知道。

他有一辆绿色的捕人汽车，人们称之为带马达的绿棺材，当时迪化只有4万人，监狱里就关着1万多人。有的在职干部却是公犯，是判过刑的犯人调出来当官，应得的工薪除了吃饭外，全部交公，任满后仍回监狱服刑，这是外人绝不知道的，也是中国历史上没有的。干部间公犯很多，谁是公犯别人也不知道，知道也不能说，一说，脑袋就没了。

有一次，带马达的绿棺材向我们军校门口开来，吓得龚愚从后墙跳进眷属院。我急忙到学校看情况，绿棺材被我们黄埔军校来的上校值星官开枪打跑了。

这时除了黄埔军校在迪化打下一根钉子外，还有"中央"预备第7师的两个团和师部都驻迪化，已掌握了盛世才的心脏。而盛世才自不量力，还想同国民政府较量，以保持他的独立王国地位。

我们到新疆军校的第六天下午，盛世才督办公署派马车前来，请国民政府来的校官以上官员到他的西大楼督办公署赴宴，欢迎国民政府各部门入新服务的高级干部。

迪化当时只有督办公署的西大楼和省政府的东大楼这两座相向的楼房，西大楼与北门外的军校只隔一道城墙，相距约2000米。

盛世才常常利用宴会大批杀害知识分子，我们知道是鸿门宴，但又不能不去。

临行前我们做了准备，留下一位吴上校为全校总指挥，约定如果我们晚上11点还没回来，就向西大楼开火，炸平盛世才的督办公署，并与预7师的两个团联合行动，入城接管新疆政权。

我们赴宴人员进入会场后，发现身着白色衣服的招待员在衣内都有手枪，我们互相以目示意，摸摸佩剑，如果发生事变，就立即扑杀盛世才。因为不是公开作战，所以不能带枪，但有的带了小左轮。

大家入座后，只见盛世才坐在会场二楼大厅的一个小阁里，不肯出来入席。东西一排十几米的长桌，桌北中央主座为盛世才，右边是他的督署参谋长汪鸿藻中将，桌南客人中央主座为监察使罗加伦（注：罗加伦，浙江省绍兴市人，知名教育家，清华大学第一任校长。1943年，被任命为监察使，考察西北地区国防建设。1949年赴台湾，曾任"考试院"副院长、"国史馆"馆长等职。1969年过世，终年72岁），都早已放好名牌。

我坐在罗加伦监察使右边第四位，每位客人对面都有一位新疆干部作陪，我的对面是一位姓宋的督察署少将副官长，外号宋麻子，是唐代西征军后裔。

他的心靠向统一，几次以目向我示警，我同他谈了很多西域历史问题。

开宴后，监察使罗加伦让参谋长汪鸿藻去请盛世才出来陪客，汪几次恭请，盛世才就是不出来见客，只好由汪鸿藻自己作陪。

大概盛世才已经得知我们军校的军事计划，所以没敢动手。他坐的小阁离我很近，我对他的表情看得很清楚。

罗加伦向全场高声讲述新疆在抗战中的重要地位，痛斥中国军阀割据。两个多小时他全在演讲，席上有人失声痛哭，前方正同日寇殊死战，后方军阀又闹内乱，有点爱国心的人谁不触景伤怀？

我写个纸条传给他说，咱们目前主要是怎样设法脱险。他看了以后，不以为然，继续他的演讲，参谋长汪鸿藻急得满头大汗。

到会的国民政府官员有一百多人，除了三十几名佩剑的官员准备拔剑格斗，文官和技术干部只能等待慷慨就义。大难将至，死正临头的场面，人们的表情千姿百态。

到了晚上10点左右，盛世才下令送客。

军校官员护着监察使罗加伦下楼离去，有的文职人员受到惊吓都站不起来了。我们坐着马车回到学校，这是又一次死里逃生。

回到家，远远看到我太太站在门口焦急张望着，看到我，跑过来拉住我的手就哭着说：":吓死人了，我以为你回不来了！"

宴会的第二天，盛世才公开叛变了，发动忠于他的警务处，把国民政府派来的各部门官员，不论职位高低都抓进监狱。

接着又派车来我军校，我们黄埔军校派来的五位上校和校值星官命令门口卫兵开枪，把他们打跑了，再也没来。

我又到预7师借来一个排的兵保护眷属院。

事后得知，盛世才还派出一个师去解决预7师，该师李师长得到命令后，立即跑到预7师司令部告变，并在预7师司令部下令给他的各团、各营，命令要忠于国民政府，勿听乱命，三位团长都表示服从，听师长命令。

监察使罗加伦闻变，电告重庆盛世才叛变。密电是从新疆省电台发出的，当时就被盛世才得知，他枪毙了电台台长，逮捕了监察使罗加伦。省电台的另一名电报员把罗监察使被捕一事电告重庆后，跑到预7师司令部避难。

我军校闻悉后立即备战。

蒋介石得知盛世才叛变、罗监察使被捕，命第8战区司令朱绍良赴新疆戡乱。

第8战区的部队都在前方与日本鬼子打仗，后方一个师的兵力也调不出来。但盛世才部下的李师长已靠拢国民政府，忠于盛世才的只有警务处的千余人，这点力量用来镇压老百姓有余，但对抗国民政府不足。而当时在迪化驻有预7师两个团和黄埔九分校千余名学生。

于是，朱绍良只带了几名随行人员飞往迪化，到了迪化飞机场，盛世才立即派人向朱绍良输诚，表示服从国民政府。

朱绍良乘车前往督办公署，当他们一行戎装出现在督办

延伸阅读

赴新大队历时70余天，于1944年8月2日到达迪化城外。一天下午接到通知，盛世才在某酒楼宴请全体赴新大队官兵吃饭。当赴新大队列队完毕正准备出发时，国民党派驻新疆的警备司令部参谋长龚愚匆忙驱车赶来说："不能去，赶快上'一炮成功'（迪化的一个制高点地名）。"原来，盛世才在酒楼安装了炸弹，准备在酒宴上炸死全体赴新大队官兵。

——《蒋介石派黄埔学员紧急进驻新疆》，蒋重明，《文史博览》，2015年第12期，第29页

公署西大楼门前时，盛世才的卫队当即敬礼，请长官入内，没有敢阻挡的。朱绍良直奔盛世才的办公室，盛世才在二楼楼梯口迎接。一见面，朱绍良就抓着盛的手说："听说你造反了？我就一个人在这，你杀了我吧。"盛世才放声大哭说："我冤枉啊，长官，我一向忠于祖国，怎能造反？"朱绍良哈哈大笑说："我谅你也反不了，我这里有预7师、九分校，你的一个师早已向我投诚，我还准备了军队乘汽车进新疆戡乱，不怕你飞到天外去。你没反，那好嘛，监察使在哪呢？"

盛世才说："外面的情况不安全，我把监察使保护起来了。"

这时二人已走进办公室，朱绍良就座，盛世才小心地站在一旁。朱绍良说："请监察使来见面。"盛世才马上打电话，请来监察使罗加伦。

罗加伦见到朱绍良，把情况大概讲了一下，盛世才站在一旁面如土色，呆若木鸡。

罗加伦说："造反的情况我只是耳闻，他保护我的方法确实不大妥当。"

朱绍良于是出示国民政府的命令：调新疆边防督办、新疆省政府主席盛世才为国民政府农林部部长，遗职由吴忠信接替。令到之日，立即行动。

盛世才看罢，表示接受。

朱绍良说："限你三天之内上路，你个人财产能动的可以全部拿走。按指定路线去重庆，我保证你人身和私有财产安全。吴忠信主席明天就到。"

预7师随即入城，接了新疆部队的城防。

一切安排就绪，朱绍良与罗加伦一起赶赴飞机场，由汪鸿藻参谋长送行。到了机场，汪鸿藻说："报告长官，我同您一起走。"朱绍良点头同意，他们就一起飞走了。

盛世才急忙收拾行李、财物，装了两卡车，单黄金就装了两大汽油桶。

第三天他准时离开新疆，12年的魔鬼统治至此告终，新疆人民获得新生，我们也相对安定下来。

1945年3月，宋希濂（注：宋希濂，湖南省湘乡市人，国民党中将，黄埔军校第1期毕业，曾任第11集团军总司令、新疆省警备司令、华中"剿匪"副总司令兼第14兵团司令。1949年被俘，1959年特赦。1984年参与发起成立黄埔军校同学会，任副会长。1993年过世，终年86岁）调迪化，任九分校主任。

其到任后，校部编制扩大了，教务处各兵科都设置了少将（上校）科长一人，上校学科主任一人，教官增加到50人左右。

延伸阅读

1944年8月11日深夜，盛世才佯称召开政府紧急会议，将党政要员召集到一起，突然下令当场逮捕了国民政府派来的国民党新疆省党部书记长黄如今、新疆省建设厅厅长林继庸，国民党党部委员童世荃、张志智、林伯雅等人，称黄、林等人为混进国民党的共产党员，他们与苏联驻迪化总领事有密切联系，阴谋推翻新疆现政权，建立共产党新政权。随后，盛世才又下令，将驻全疆各地的国民党各机关首脑、专员、县党部书记、县长共三四百人统统逮捕下狱，甚至逮捕了反对他拘捕国民党人员的族弟盛世杰、盛世华和刚从阿山前线与乌斯曼部作战归来的128师师长柳正欣；将除了新疆监察使署以外的国民政府派驻新疆机关的电话全部切断；宣布迪化城内戒严；他的新疆督办署门前增添机枪、装甲车，严防驻扎在迪化城北的"中央军"第7师发动进攻。同时打电话给第7师师长李忠祥，叫他进城到督办公署谈话，准备对其下手，幸亏李师长警觉未去。他对被捕人员严刑拷打，逼迫他们承认自己是共产党员，准备最近发动暴乱，推翻新疆现政府。

盛世才的这一连串动作，使整个新疆全境都弥漫恐怖气氛，一时风声鹤唳，有关人员朝不保夕，极为紧张。

——《蒋介石收服盛世才》，管卫中，《档案》，2018年第9期，第33页

1944年8月11日，盛世才逮捕国民党新疆省党部书记长黄如今、建设厅厅长林继庸等人，所加罪名是：黄、林等人为混进国民党的共产党员，与苏联驻迪化总领事有密切联系，目的为推翻新疆现政权，建立共产党新政权。与此同时，盛世才又致电斯大林，表示被捕者全是日本间谍、蓝衣社成员云云，甚至要求将新疆划为苏联的一个加盟共和国，企图再次投靠苏联，继续依靠苏联维持其在新疆的统治。但

此时苏联政府已经对盛世才的本质看得一清二楚,斯大林不仅拒绝了他的要求,还把他的电报转给了蒋介石。

蒋介石火速电令胡宗南派三个师的军队往新疆推进,一举控制新疆与内地联结的关隘星星峡,并对盛世才统治集团做了分化瓦解工作。

一切准备就绪后,蒋介石即命第8战区司令长官朱绍良由兰州飞往迪化(今乌鲁木齐),当面传达国民党"中央"命令:内调盛世才去重庆任农林部部长。与此同时,国民党军队亦做好应变准备,若干架飞机集中于酒泉待命。至此,盛世才感到大势已去,于1944年9月11日,带着在新疆搜刮来的金银财宝,登机飞往重庆。

——《投苏叛苏投共戮共,投蒋又剐国民党,皆曰可杀盛世才》,相京,《文史月刊》,2010年第11期,第12页

据一些资料披露,盛世才主新疆10年,新疆各级官吏和民众遭其逮捕入狱的就有10万人之众,被其采用种种非人的手段折磨致死和枪杀、砍头的竟达5万余人。他贪婪成性、穷凶极恶地搜刮、掠夺财富。盛世才在新疆10年究竟搜刮了多少财宝,已经无从查考。但当时有一首民谣形象地揭露了盛世才离开新疆时运送物品队伍的庞大:"盛贼世才讲清廉,八十汽车没拉完。三架飞机不算数,两千骆驼在后边。"

——《邱家血案侦破记》,范宗湘,《文史精华》,1998年第12期,第48页

瀛云萍手稿封面

第十五章　咱们胜利啦

1945年8月15日，日本天皇通电世界，向同盟国无条件投降。

当时我任职黄埔军校迪化九分校炮兵科上校主任教官、九分校特别党部常委、眷属院院长。九分校眷属自己有一个小城，跟九分校差不多大小，这边是学校，隔壁就是眷属院，中间通一个小门。

8月14日晚上，军委会就给我们九分校打来电话，说："明天上午8点到12点中间，将有重要新闻播出，你们学校党政负责人要守候在收音机前听这个消息。"当时学校的负责人一个是校主任，是少将军衔，两个党部常委，一个是我，一个是王凤林，王凤林家里老婆病了，不能在那看守。

第二天一早吃完早饭，我就到广播室，守在学校唯一的收音机前，坐在那戴上耳机，收听。

等了好久好久，收音机突然一下子响了。首先收到政府复播的日本天皇宣布投降诏书，令日本作战部队向其所在国无条件投降。

天皇带着悲伤的声音说，"前方将士们，敌人向我投下不可抗拒的炸弹，再战，国家必亡，希尔等善体朕意，立即放下武器，向所在国家无条件投降，以保皇室命脉"云云。日本天皇是带着哭声念的这个投降诏书，我心里也很复杂。那一个炸弹就把一个城市全崩没了，美国人没往东京投炸弹，就是要让日本天皇起作用。

等他念完了，就是蒋委员长的讲话，蒋委员长也是哭声，不过他这个哭声是喜悦的，一边乐一边哭，说："全国同胞父老兄弟们，咱们取得了最后的胜利,日本帝国主义向我们正式投降,我委任军政部长何应钦为受降总司令,全国各地受降情况都听何总司令指挥。"

接下来就是何应钦发布具体受降命令,都是关于各地怎么受降的。

我还没有听完全部广播,立马就像精神失常了,就像身上扎了多少道绳子全都解开了一样,疯了似的跑到学校院里大喊:"日本向咱们投降啦!我们得到最后的胜利啦!"一边喊一边往眷属院跑,跑到眷属院,就在马路中央大喊这消息,一边喊一边笑一边流泪。

我这一喊,大家都出来了,问:"院长,怎么回事?"我说:"咱们胜利啦,日本向咱们正式投降了!"哎呀,全院的人都哭着、喊着:"日本投降了!我们胜利了!"有的就像精神失常一样地喊。

那些夫人们有的一屁股坐到地下就喊起来:"妈妈呀爸爸呀爷爷呀奶奶呀,这回可以见面啦!"喊得都不是平常的声音。她们大都是跑出来的流亡青年,都结婚生子了,大大小小的孩子们也都出来站到马路上。

学校马上停课,全校师生狂欢庆祝,学校里所有师生,都跟疯了似的,哭哭笑笑,那个场面可复杂了。

我就赶快组织庆贺,放鞭炮,学生分几拨到街上游行,举着孙中山、蒋介石的画像,还写了"日寇"两个大字,用红笔判死刑那样打个叉。

我说这时还不能忽视,注意土匪武装趁这个时候来袭击,眷属院的城北、城西、城东就是沙漠,什么也没有。就安排了一排卫兵,在眷属院的四个墙角掌握着机关枪。

九分校离城门就一里地,进了北门一看,城里都成了烟雾城了,放鞭炮放的。商店全都关板,都在门前放个桌子,桌上放着灵牌,告慰祖宗,说咱们现在把日本人打败了。

卖鞭炮的商店把鞭炮都拿到柜台上来,老板说谁要拿就拿,只能拿一盘,不要钱。他越说不要钱,拿鞭的人越给,一块大洋、一大卷票子也不知道有多少,扔下就拿,实际上那一小圈鞭就几角钱。

好多饭馆的门口都煮上粥,穷人来喝粥不要钱,给炒的大众菜。家

延伸阅读

1945年8月15日,日本宣布无条件投降当天,新疆和迪化各界庆祝抗战胜利大游行,军乐队(注:指第九分校军乐队)穿着绿色苏联人字呢军装和黑皮马靴在游行队伍前开路,雄赳赳、气昂昂,吹着抗战时期流行的各种歌曲。当新疆及迪化各机关、团体、第九分校(500余名师生,学生全副武装)、省一中、省一师、女师、新疆学院和驻军等几千人走进南关时,军乐队又吹奏洪亮的《大刀进行曲》《开路先锋》《打回老家去》《白山黑水》等歌曲。欢呼声、歌声、手枪声(第九分校学生每人规定5发子弹,向天鸣枪,以示庆祝),此起彼伏,响彻云霄,游行气氛达到高潮。这是迪化市有史以来第一次由专业军乐队助威各界游行的盛况。

——《忆第九分校军乐队》,黄晓天,《黄埔》,2001年第1期,第47页

里有钱的自己扎上花车,包上一袋一袋的花生、苹果,赶着走着往两边扔。

这是在咱们汉城(汉人居住地),游行队伍到了维吾尔城,他们也都出来欢迎,我们喊:"这是中国各民族的胜利。"

老百姓自主狂欢了三天,没有人阻止。这险些亡国之痛,这抗战胜利之喜悦,百姓怎能不狂欢!

盛世才时代那些虐待百姓的军警,留下没抓起来的,都自己在脖子上挎着绳子负荆请罪,跪到街上,说:"我有罪啊,从前跟着盛世才跑,对不起老百姓,对不起同胞。"

看着他们我的内心很复杂,其中很多是东北人,盛世才造反,他们也跟着造反,后来把盛世才赶走了,对那些高官抓的抓杀的杀,对下层的没追究。

现在胜利了,老百姓都找上来了,有的拿着棍子上去就打,说:"你们看中国胜利没有?你们这些汉奸叛国贼。"有罪孽深重的,老百姓就把他绑起来,后来政府就收到监狱里去了。

我亲历了九一八晚上的亡国之痛,以后每退一个城市哭一场,每退一个城市哭一场,以为再也不能回来了,这不是一般的打仗。现在又亲历八一五的狂欢,我们中国胜利了,怎么能不狂欢呢?

现在我都不敢回想那些画面。

抗战胜利,我与东北的二胞妹联系上了,得知了杨秋馨母女的境况。秋馨回到伪满后,她父母自然解禁了。她生下我们的女儿,遵我的嘱托取名文梅,但她父亲不准她改嫁。后来她考入南满医科大

学口腔科,毕业不久她母亲过世。他父亲又娶了一位小太太,这位太太为人很贤惠,对秋馨很好,待文梅如同亲外孙女,小文梅就是她带大的。

1942年,秋馨的父亲也过世了。这时抗战正处在艰难中,今后如何发展谁都难以预料,我们彼此也音讯全无。万般无奈,秋馨和一位姓刘的官员结婚,他也接受我与秋馨离别前的承诺,两人生育了两个男孩。但秋馨天天生活在文梅的埋怨中,她内心的痛苦我完全理解,只是女儿文梅不能理解妈妈。

被日本人强占14年的东北家乡终于被收复了,在国民政府接收东北的官员中,沈阳市长金镇是我炮校的老师,我的同学、好友舒玉瓒是长春警备队少将督察长,我的老同学刘正宪为东北行辕上校高参。

女儿文梅还和我的舒玉瓒二哥见了面,二哥在南京就与杨秋馨认识。

不久,我在新疆接到秋馨的信,说很快就来新疆见面。在抗战中,邱国珍随我历经千辛万苦,生育五个子女。我当即把信给她看,国珍说:"咱们定婚时有言在先,我决不食言。她当真苦守了你九年,可敬可佩,比孟姜女都可敬,咱们应当承认这门亲事,我自然称她姐姐。"

当时国民政府公布,抗战时军、政人员遗留在沦陷区的妻室,称"沦陷夫人",随丈夫抗战的称"抗战夫人",都有功,社会地位平等,无先后大小之分,亦无重婚罪。于是,我给秋馨回信说:"希望你与女儿同来,这里有另一个太太还有孩子。"

秋馨没有回信。

后来我二妹来信,把秋馨与我离别后的详细情况告诉我,说她现在已把再婚的刘某赶走,但没提两个男孩子的事。我立即给秋馨回信:"你我现已都重新组建了家庭,都有了孩子,再续前缘就难了。咱们复婚会害了两个家庭,何苦呢?我们的爱情是割不断的,相期在来世吧。我们是表兄妹,从小青梅竹马,可以常往来嘛。"

我从在步校当助教时就开始关注民族史和地理,在成都黄埔军校任教期间,经常在图书馆阅读查找这方面资料,因而被学校注意到,学校

延伸阅读

由于"抗战夫人"问题涉及许多公务员和军官,按照原来的法律条文,他们都将面临重婚罪或通奸罪的指控,于是南京地方法院建议"立法院重新定立适合目前情况之婚姻暂行条例",在新条例出台之前,先尽量避免将该事件纳入法律程序:"凡在后方之公职人员娶有抗战夫人,不论沦陷夫人或抗战夫人前往告发者,法院概不受理。抗战与沦陷夫人合居或分离,由本人自行解决。"可见国民政府方面的意图是将其作为一种特殊性质的民间纠纷,大事化小,尽量撇清公务员的法律责任,以达到降低其负面影响的目的。

——《舆情、消费与应对:抗战胜利后上海的"抗战夫人"问题》,吴俊范,《史学月刊》,2017年第4期,第45页

抗战时期大后方"抗战夫人"现象,不仅仅是一个道德和法律问题,更多的是一个社会问题。抗战的客观环境,大后方的实际生活导致了"抗战夫人"现象的出现。抗战西迁的过程中充满了种种颠沛与磨难,一切的人事生活,多失了常轨。在乱世的时候,生活的失常,经历的顿挫,思想的变化,事业的漂移,等等,对人生影响极大,正所谓"乱世男女离合,本属寻常"。抗战时期"抗战夫人"现象的出现具有复杂的面相,不能简单以道德沦丧、感情泛滥进行解读。

——《家庭的伪组织:抗战时期大后方"抗战夫人"问题》,徐峰、何晓艺,《湘南学院学报》,2020年第6期,第35页

为我的研究提供了很多方便。

当初离开成都本校开赴新疆迪化时，万耀煌教育长当面嘱咐我，多注意调查西北国防地理，原因一个是学校准备开国防地理课，另一个也是为国民政府国防部收集西北国防资料。

新疆面积广阔，要研究它的历史和地理并不容易，尤其交通极其落后，一个人的力量再大，也不可能完成。我就想，如果能找到一个学校兼职做地理教师，那些学生的地理乡土情况不就是新疆的地理情况吗？乡土地理情况又会带出来许多历史，这不是了解新疆的线索吗？

于是，我到省教育厅人事处见到李处长，同他谈了我的想法，他也是国民党当局派来的，立即答应帮忙。他打了几个电话，把省一中的地理教师调到新疆学院当讲师，一中的地理教师岗位由我兼任。

他当场给我写了介绍信，我拿着介绍信就到一中去报到，张校长立即照办。该高中部是由新疆学院刚刚划拨给一中的，也是新疆当时唯一的高级中学，在当时，凡是能读得起高中的大多是富家和官员子弟。

原来的地理教师把课程进度等都交代得很清楚，说后天就有地理课。我讲了一课后，校长了解完讲课情况，就给我打电话，请我把高中部主任也兼了。

高中部有新疆各地的学生，我就布置每个学生把家里所在县的史地、民族、产业情况都详细写出来，作为一次作业评分。学生对我布置的作业非常感兴趣，都全力以赴地去做，有写两三千字的，也有写几百字的，写少的也都在假期后补充，有的补充了几次才完成。

我又在假期根据各县的不同情况，分别布置调查对象，再乘后勤的军车去重点复查。所以我在新疆得到的资料除了自己亲自调查采访的，还有很多来自这些高中学生的假期作业。先后四年，我几乎走遍了新疆，对新疆史地已了如指掌，再结合典籍，写成了《西北（西域）历史地理图集》初稿、《维吾尔族源流》初稿、《瀚海春秋》初稿。

在新疆这几年，我也经历、目睹了好多有趣的奇人、奇事。

瀛云萍先生

捐献 本人于革九岁校手抄教材

《世界史事年表》

给我馆收藏，精神可嘉，根据《中华人民共和国文物保护法》，特发此证，以表谢忱。

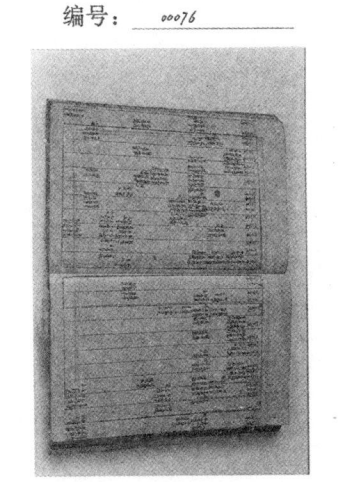

编号： 00076

广东革命历史博物馆
广州近代史博物馆
2004年1月8日

瀛云萍捐赠文物所获广东革命历史博物馆入藏证

第十六章　执鞭尽许新中国

1947年春,我将调查完成的3万多字《西北国防地理资料》报送国民政府国防部,又完成了《伊斯兰教与中国回疆史》初稿,约20万字。

1948年底,南京"中央陆军大学"改称参谋学校,在全国招考参谋学校第一期学员,限年龄40周岁以下的中、少校级军官报考。当时我的上校年资已满,但是在黄埔任教无缺可晋,如考参谋学校即可晋级少将,所以就在新疆报考。

我虽上校官阶已超中校,但年龄没超,故被特准报考。初试成绩发布,我在西北大区(甘、宁、青、新)排名第一,共录取三名,由新疆警备司令部总司令陶峙岳用飞机送到南京复试,我从此离开新疆。

在南京,参谋学校的各项复试对我来说,都没有什么问题。而在考"应用战术"时,我发现试题有误,将"状况判断"误写成"情况判断"当我举手提出质疑时,监考的七个将官都惊了,一起跑过来把我的嘴捂上,还有一个跌倒又爬起来把我推出考场。

我大声抗议:"你们干什么,学术问题能动武吗?"在考场外,我以石画地,引经据典指出考题的错误,几个考官个个呆若木鸡,无可答复。他们请示了主考官,感到问题严重,如被蒋介石知道,他们的官阶难保。他们详看了我的履历,发现我的东北军历史,说我是军阀余孽,受人指使故意闹考场。

我回到军人招待所写好材料,第二天去找参谋学校的校长徐培根(注:徐培根,浙江省象山县人,保定陆军军官学校毕业,国民党陆军二级上将，军事理论家。曾任陆军大学教育长，左联五烈士之一殷夫的同胞大哥。1949年去台湾，任"国防研究院"上将主任、战略顾问等职。1991过世，终年96岁）。

徐培根是德国参谋大学毕业，蒋介石眼中的兵学泰斗，我见到徐校长时，看来他已知道事情的经过，做好了准备，摆下了"肉头阵"，就是"不要脸阵"，这样的阵是君子都破不了的。

10名卫士荷枪站立两旁，屋子中央是五六米长的长条桌。我进去后，按军阶行了军礼。他让我坐下后，一言不发。

我把国民政府颁发的《军语类解》相关页码翻开，恭恭敬敬地放在他面前的桌子上，然后坐在他对面的椅子上，距他有一米远。

我欠身拱手向他说："学生来见校座的目的，校长已经知道了，只是入学上课，别无他求。"

他说："那不行，你没考完。"

我说："你们的试题出错了，让我如何答法？那些将错就错的答卷是不合法的卷，要按大清的法律，主考当斩。"

他说："现在不是大清，是中华民国。"

我说："中华民国应当比前朝进步啊。"

他说："我们没错，只是你大闹考场，取消你的考试资格是正确的。"

我说："请校座看看面前放着的那本书。"

他看都不看一眼。

我说："校座，研究学问的人还怕看到真理吗？当然，一看肯定错了，可不看就对了吗？一位知名度很高的兵学家，在真理面前不认错，传出去面子可丢大了。我是炮兵学校毕业，曹耀祖老师的门生，黄埔战术研究班毕业，应当说对战术是研究有素的。我对校座久闻大名，仰之弥高，今日相见大失所望，您校的教官连军语都不熟练，连情况判断、状况判断、任务判断、阵地判断（地形）几个概念都搞不清，也就是说基础的兵学没学好，还谈什么高级的兵学知识呢？"

他说:"我们程度低,你的兵学水平比我高,我们容不下你这样的高材生,你既看不起我们,又何必来我们的学校呢?你不是自相矛盾吗?算了吧。请吧。"

我说:"如今国家用人的标准是人尽其才,还是人尽其文凭呢?如果是人尽其才的话,请校座准我到你校来授课,立地见实。你当然不会答应,所以我还得考这个参谋学校。现在我有两个请求:一是您同意我补考,二是同意我来校任教。不知您是否能真正选贤任能?"

他说:"你不够资格,一条也不行。"

我说:"人尽其才嘛!"

他不说话,也不理我。

我急忙把我的书收拾好说:"校座,后会有期!"

他说:"随你便,送客!"

于是我行军礼告辞。

我希望在蒋介石那里会有真理,回到新街口军人招待所(军统设的),开始写材料准备到总统府状告徐培根。

第三天晚上,一位年近60岁的"国民参政员"来到我处,自我介绍是东北同乡。我急忙行礼致敬。

他说:"上校,事情闹大了,几天来弄得满城风雨,如果你真告到总统那里,你想想总统是为你而处治徐培根,还是为徐培根治你?现在国民党的命运千钧一发,总统心情非常焦躁苦闷。你又去火上浇油,他会为你去评理吗?更何况你是张汉卿的学生,汉卿公的命运已不堪设想了,你这不是去飞蛾扑火吗?我劝你非但不要去上告,更不要久留南京。徐培根如今栽到你手里,他会善罢甘休吗?他同死去的戴笠是好朋友,什么鬼把戏使不出来?随便给你加个罪过,干掉你还不容易吗?咱们东北人今天还有地方说理吗?"

他走后,我如梦初醒,惊出一身冷汗,赶紧收拾书包,其他什么都没带就走了。

到下关后，我登上西上的轮船，逃往宜昌避祸。

这时，宋希濂已从新疆调任14兵团司令官，驻宜昌。我到宜昌见到宋希濂，说明来此避祸的原因。他很有故人情，说："你就留在这当个高参吧，不会有危险的，他们不会追到这里。"

于是，我回新疆迪化黄埔军校第九分校，将太太及儿女送回武汉。

不久，徐培根随参谋学校去了台湾。

宋希濂改任川湘鄂边区绥靖主任，委任我为川湘鄂绥靖公署主任监察官，这个职位是少将缺，但我以上校任职。下辖各军、师都有监察组，军的监察主任是上校，师的监察主任是中（上）校，统归绥靖公署监察主任统辖。

绥靖公署监察主任，相当于各省的监察使，任务是监察该绥署境内的贪官、污吏、土豪、劣绅等，有弹劾权，其实是个有名无实的纸老虎。贪官污吏都怕监察官，可实际上监察官谁也不敢管。

这时国民党政府已东去台湾，大陆的文武官员都没了正常工薪，当上校的每人每月只给5块大洋生活维持费。

有兵权、有地盘的都可搞点外快，当幕僚的每天只能吃上三顿粗粮，形同流寇。我去监察什么？凡敢贪污者都是有权或有势，你真的监察他，他会打你黑枪的。

岳飞说："文官不贪财，武官不怕死，则天下太平矣！"而国民党末叶是"文官贪财又怕死，武官怕死又贪财"。

我何必自找苦吃呢，只能洁身自爱，并严管绥靖公署监察官们，不得利用职权敲诈足矣。所以每天只是游山玩水，作诗填词，写些史地笔记。

宋希濂有时跟我闲谈，他说学问这东西做不了假，一年文化就是一年文化，十年文化就是十年文化。他说："我们上学的时候，也没学过什么战术、战略、兵器，就学过典范令，打仗就是凭勇敢。"

他很勇敢，负伤好几次。但他勇敢就是自己一个人，当36师师长，全师前进的时候,他在最前边。

我说:"表面上看着很好,你当师长走在第一个,但是战术上要求,行军的时候,师长在第1团的后边,在第2、3团的前边。那第1团的前边还有前哨,还有尖兵,你都跑尖兵的位置上去了,拿一个师长去当小兵。如果我是军长,回来就打你屁股。"他说:"该打。"

宋希濂是黄埔第1期的,他说:"我就是从实战中学习来的,我们头几期的战术根本就不行,这六个月连一个月课也没上,就是当学生军去打仗。"那时候孙中山没有别的兵,都是黄埔军校的学生去打。

黄埔第1期战死的有一半。

我一直在等待宋希濂起义,但后来发现情况有变,只好不辞而别。

1949年7月,我携带眷属溜到宜宾的四川地方军辖区,这时宜宾的驻军首领是郭汝瑰(注:郭汝瑰,重庆铜梁人,黄埔5期生,中共特工。他是川军军阀郭汝栋堂弟,1928年加入中国共产党,后与组织失去联系。解放战争时任国民党国防部作战厅长,其间重新与中共建立联系并提供情报,后在宜宾率72军起义。1997年过世,终年90岁。中央军委为其举行了追悼会)。

我加入了宜宾的在乡军官会,里面大多是失意军官。

这时收到黄埔军校的原教育长张治中将军(注:张治中,安徽省巢湖市人,黄埔系骨干将领,国民党陆军二级上将。曾任"中央陆军军官学校"教育长、湖南省主席。新中国成立后,任第三届全国人大常委会副委员长、中华人民共和国国防委员会副主席等职。1969年过世,终年79岁)告黄埔同学的劝降书,说到解放区是有前途的,都是

延伸阅读

1949年6月26日,国共谈判失败后,留在北京的张治中发表《对时局的声明》,进一步加大国民党的分化,推动了各地起义。

黄埔同学们相互转告的。

到 7 月中旬，首先由在乡军官会与解放军取得联系，双方达成共识。郭汝瑰兵团撤出宜宾，解放军进驻。

随即我参加了在乡军官会组织的学习班，学习《共产党宣言》《社会发展史》。

从此，我与"蒋家王朝"的关系结束。

起义后，由于我是军用文官，主要经历是黄埔军校教官，官阶高，无法安置。当时东北师大在武汉招生，我向军官会提出报考申请，得到同意，开了通行证。因为三峡一带有土匪出没，由军队护送船只，在边打边走的情况下出了三峡，到武汉报考。

我报的是地理系专修科，学制一年半，录取后，于 1950 年 3 月正式开学。政治学习结束，系主任通过了解，认为我的水平可以入本科三年级，经我申请，通过四位教授的考评，直接转入本科三年级。

这期间，邱国珍因病没得到及时医治，病故。

东北师大地处长春，因为我还要学习，只好把五个年幼的孩子寄养在长春保育院。

有一个周日，我去保育院看望孩子，走在距保育院不远的马路边时，看到迎面走过来两个十二三岁的小姑娘。当我看到那个小个的女孩时，不禁打了一个寒战，跑过去抱着小女孩就喊："文梅！我的儿啊！"

孩子搂着我的脖子就叫"爸爸"！

我们父女从没见过面，连一张照片也没见过，能在马路上偶遇就父女相认，这在古往今来也是少有的事。这是因为文梅太像妈妈秋馨了，简直就是秋馨的缩形，言语声调、一举一动完全相同。

老话说"父子天性"，体现在我和文梅身上最突出。

文梅告诉我，另一个女孩是她二姑的女儿杨俊英，我们甥舅也从未见过面。

不久，杨秋馨给我写了一封长信，要再续前缘。信中说："不可抵抗的人祸冲散了一对从小的鸳鸯,都重新组建了家庭,有了自己的孩子。但我们旧情难断,还有个我们亲生女儿小文梅,咱们恢复旧好吧。如果邱氏贤妹仍在,我就不谈这些了,而今邱妹舍你而去,你应续娶,娶谁对你的孩子连文梅在内,未必都视为亲生,只有我们旧梦重圆。这些孩子我都会当亲生,家庭生活由我负责,刘已自动离开了,我们得以白头到老。请哥从长思考。"

我经过反复思考,回信说:"你的话,出于至爱。但愚兄前途渺茫,难能设想,如旧梦重圆,将来万一有不测,会将你陷于另一困境。你加意培养我们的孩子文梅长大成人,愚兄于愿足矣。你我长相思于终身。如人真的有来生,我们再结来生缘。"

1951年8月,我从东北师大毕业,分到大连第二高中任地理教师,后调到旅大师范学校。

此后人生兜兜转转,始终没有离开教育行业。

在东北学生队时,张学良曾经摸着我的头顶说:"好好学习,将来当个好教官。"没想到真被他说中了。

果然,我这大半生,不是当教官,就是当老师。